Henner Kotte **Feuer auf Bestellung**

Henner Kotte

Feuer auf Bestellung

und sechs weitere historische Kriminalfälle

Bild und Heimat

Von Henner Kotte liegen bei Bild und Heimat außerdem vor:

Falsche Ideale. Fünf wahre Verbrechen (Blutiger Osten, 2019)

Ministermord unter der Augustusbrücke. *Ein historischer Kriminalfall aus Dresden* (Blutiger Osten, 2019)

Populäre Sächsische Legenden (2019)

Die vermauerte Frau. *Wahre Verbrechen aus Leipzig* (Blutiger Osten, 2020)

Die Tote aus dem Zöffelpark *und zwei weitere authentische Kriminalfälle aus der Region Chemnitz* (Blutiger Osten, 2021)

Jugend mit aller Gewalt. *Sechs authentische Kriminalfälle aus Sachsen* (Blutiger Osten, 2021)

Der Opfermord von Belmsdorf *und zwei weitere authentische Kriminalfälle aus der Oberlausitz* (Blutiger Osten, 2021)

Versicherung zahlt! *Zwei aufsehenerregende Kriminalfälle aus Sachsen* (Blutiger Osten, 2022)

Sächsische Höhepunkte. *Von Gipfeln, Türmen, Aufsteigern und Überfliegern* (2022)

Russentod in Frauenstein *und sieben weitere authentische Kriminalfälle aus dem Erzgebirge* (Blutiger Osten, 2022)

ISBN 978-3-95958-355-8

1. Auflage
© 2023 by BEBUG mbH / Bild und Heimat, Berlin
Umschlaggestaltung: capa
Umschlagabbildung: Chris Keller / bobsairport
Druck und Bindung: GGP Media GmbH, Pößneck

In Kooperation mit der SUPERillu

www.superillu-shop.de

Inhalt

Der Ortsverschönerungsverein –
Eine Crispinade

Gebäudebrandversicherung, Siebenlehn, 1896/1907

> Sankt Crispin war gar ein heilig Mann,
> zeigt, was ein Schuster kann.
> Die Armen hatten gute Zeit,
> macht ihnen warme Schuh.
> Und wenn ihm keiner 's Leder leiht,
> so stahl er sich 's dazu.
>
> Richard Wagner: *Die Meistersinger von Nürnberg*

»Erörterungen über Systeme von Stadtanlagen gehören heute zu den brennenden Fragen der Zeit. Wie bei allen Zeitfragen bewegen sich auch hier die Urtheile nicht selten in den heftigsten Gegensätzen. Im Allgemeinen aber kann beobachtet werden, daß einer einhelligen ehrenvollen Anerkennung dessen, was in technischer Richtung in Bezug auf den Verkehr, auf günstige Bauplatzverwerthung und besonders in Bezug auf hygienische Verbesserung Großes geleistet wurde, eine fast ebenso einhellige, bis zu Spott und Geringschätzung gehende Verwerfung der künstlerischen Mißerfolge des modernen Städtebaus entgegensteht. Damit ist auch das Richtige getroffen, denn in technischer Beziehung wurde thatsächlich viel, in künstlerischer Hinsicht fast nichts geleistet, und stehen den großartigsten Monumentalbauten meist ungeschickteste Platzformationen und Parcellierungen der Nachbarschaft gegenüber.«

Camillo Sitte: *Der Städtebau nach seinen künstlerischen Grundsätzen (1901)*

Oktober 1905: »Der erste schöne Herbstsonntag seit langen trüben Wochen lachte gestern Morgen die Langschläfer an, die sich ganz verwundert die Augen rieben, als sie den Glanz der klaren, hellen Herbstsonne auf den weißbereiften Dächern sahen. Das Thermometer war einige Grade unter null gesunken über Nacht, aber die lang entbehrte Sonne wärmte trotzdem jedes Herz und zauberte Freude auf alle Gesichter.« Zu Wochenbeginn nach dem Bilderbuchsonntag war Reformationstag, und die Sachsen gedachten Martin Luther, dem Protestantismus und gegenwärtiger Zeiten. »Bei der ungeheuren Fülle großer politischer Ereignisse, die in ununterbrochener Reihenfolge während der letzten Monate an uns vorübergerollt sind, ist die Beschäftigung mit den Fragen der geistigen Kultur in der Öffentlichkeit etwas zurückgedrängt worden.« Und wahrlich schien die Welt nicht nur aus den religiösen, sondern auch aus den politischen Fugen: In Sankt Petersburg und Moskau tobte blutig die Revolution. Neville Chamberlain hielt erste Reden. Kaiser Wilhelm besuchte den Kaiser von China. In die Lohnverhandlungen der sächsisch-thüringischen Textilindustrie kam Bewegung. Die Landeshauptstadt Dresden rüstete sich zu den Wahlen des Abgeordnetenhauses, der mediale Krieg der Parteien begann. Die sächsische Kleinstadt Siebenlehn verlor an Boden und versank: Auf dem Markt verschwanden Pflaster und

Gartenbeete in einem unterirdischen Schacht, in dem man einst nach Erz geschürft hatte. Meterlang und tief klaffte das Loch. Den Bewohnern der umliegenden Häuser befahl man auch in den eigenen vier Wänden strengste Vorsicht bei jedem zu gehenden Schritte. Schaulustige umstanden den Abgrund und kommentierten das Vorkommnis. Hätte der Einbruch verhindert werden können? Waren die Anlieger gegen diesen Schaden versichert? Die Gefahr schien gebannt. Der Bürgermeister machte Hoffnung. Nach Wegen der Problemlösung wurde gesucht.

Die eigentliche Katastrophe folgte zwei Tage nach dem Erdsturz: »Siebenlehn, 2. November (Großfeuer): Heute Morgen sind sieben Häuser niedergebrannt. Das Feuer brach 3 Uhr früh in dem Ottoschen Restaurant am Markt aus. Dieses Haus wurde gestern Abend von den Bewohnern geräumt, weil, wie schon gemeldet, im Hofe ein Erdeinbruch erfolgt war. Vierzehn Familien sind obdachlos geworden.« Zu retten war an und aus den Häusern nichts mehr gewesen. Die Bewohner standen scheinbar vor dem Nichts. Der aufopferungsvollen Feuerwehr zahlte König Friedrich August III. nach dem Siebenhäuserbrand aus seiner Privatschatulle eine anerkennende Prämie für Engagement und Einsatz. Der Bürgermeister und Branddirektor Richard Barthel (35) verteilte das Geld an seine verdienten Mitstreiter, die löschten und löschten und löschten immer wieder vergeblich. Seit Jahren suchte Siebenlehn das Feuer heim, ein Haus brannte nach dem nächsten. Man war sich sicher: Feuerteufel zündelten, und sie brannten ab nach Plan: Unsere Stadt soll schöner werden!

»Fort mit den Trümmern und was Neues hingebaut! Um uns selber müssen wir uns selber kümmern, und heraus gegen uns, wer sich traut!«, meinte Bertolt Brecht. »Fort mit dem Alten und was Neues hingebaut! Um uns selber müssen wir uns selber kümmern, und heraus gegen uns, wer sich traut!«, sagten sich die Honoratioren Siebenlehns und handelten. Unter der Bevölkerung blühten die Gerüchte und wollten nicht verstummen. Zur polizeilichen Anzeige schritten nicht einmal die betroffenen Bürger, denn die *Stützen der Gesellschaft* löschten in der Feuerwehr, und im Rathaus saß der Koordinator und Chef. Es sollte Jahre dauern, bis der Flammenspuk beendet und sich der Brandgeruch in den Gerichtssaal verzogen hatte. Bis heute sind die brandschatzenden Feuerwehrleute Siebenlehns ein unrühmliches Kapitel Stadtgeschichte. Es wurde als *Der rote Sperling von Siebenlehn* (1985) literarisch festgehalten und von der Defa 1979 zur Komödie: *Zünd an, es kommt die Feuerwehr.*

»Siebenlehn ist eine sächsische Kleinstadt, die auf halbem Wege zwischen der Industriemetropole Chemnitz und der Landeshauptstadt Dresden liegt. Siebenlehn ist 3,2 Kilometer südöstlich von Nossen und 18,8 Kilometer südwestlich von Meißen entfernt.« Mit der Besiedlung der Region war im 12. Jahrhundert ein Waldhufendorf entstanden, das durch den beginnenden Bergbau Mitte des 14. Jahrhunderts expandierte, »daher die wenig planmäßige Gestaltung selbst des stattlichen nicht ganz zum Rechteck entwickelten Marktes«. 1388 findet *Sybenlehn* als Marktflecken und kleine Stadt Erwähnung. Ab 1449 war seine Pfarrei eigenständig und nicht länger eine Nossener Filiale.

Von sich reden machte Siebenlehn durch seine Bäcker, die das *Christbrot* respektive den *Christstollen* erfunden haben sollen. Auch etablierten sich vor Ort der Wachshandel und die Wachsschlägerei, vornehmlich als Nebenverdienst zog man aus Bienenwaben Kerzen. Überregional bedeutsam aber wurde Siebenlehn durchs Schuhmacherhandwerk, deshalb steht vorm Rathaus auch der *Schusterjunge*: »1896 wurde die *Deutsche Schuhmacherfachschule* zu Siebenlehn gegründet. Infolge steter Steigerung der Schülerzahl wurde 1908 der Bau einer Schule beschlossen. 1910 konnte die Fachschule ihr neues Schulgebäude einweihen. Durch die Anstellung des *orthopädischen Schuhmachermeisters* Heinrich Meier als Fachschuldirektor im Jahre 1920 wurde diese Einrichtung zu einer außerordentlichen Bildungsstätte.« Sie lehrt nach den Prämissen *Tradition, Innovation und Bildung* seit 1997 wieder im alten Schulgebäude, Liebichstraße 4. Gegenwärtig wird nach DIN EN ISO 9001 zertifiziert. In der DDR wurde das Städtchen dem Bezirk Karl-Marx-Stadt zugeschlagen, seit 2003 ist es Teil der Gemeinde Großschirma.

Fast 3.000 Menschen wohnten 1950 im kleinen Städtchen Siebenlehn, 2018 sind es knapp die Hälfte. »Bezeichnend für den Wohnungsbau in der wiederholt durch große Brände zerstörten, nie zu Wohlstand gelangten Stadt ist die zweite Hälfte des 18. Jahrhunderts.« 1905 meinte Bürgermeister Richard Barthel wie Kommunalpolitiker, die ihren Job ernst nehmen und Wählerstimmen nicht verlieren wollen: »Unser Ort muss schöner werden, einem Schmuckkästchen gleich!« Richard Barthel fand dafür Gesinnungsgenossen, willige Helfer auf unkonventionellen Wegen. Zwar war Richard Barthel bereits als Sparkassenvorstand und Kassierer in die Bredouille geraten, weil er Gelder qua Amt unterschlagen hatte, doch konnte der Bürgermeister begründen, dass er das Unrecht zum Wohle Siebenlehns getan hatte. Wenn man ihn zur nächsten Kommunalwahl im Januar 1906 wiederwählte, würde er mit eignen Finanzen für die weitere erfolgreiche Stadtentwicklung einstehen. Die Siebenlehner bestätigten den agilen Jungpolitiker im Amt, schien er ihnen doch ein Mann der Zukunft. Tatsächlich war es Barthels Bestreben, im Orte Industrie und Fabriken anzusiedeln, und dafür war er bereit, auch Platz zu schaffen. Er und seine Mitstreiter verstanden sich als *Ortsverschönerungsverein*: Gemeinsam für Siebenlehn! Zum Verein gehörten fast alle, die Einfluss und Macht in Siebenlehn besaßen. Die meisten kannten sich vom Stammtisch der Freiwilligen Feuerwehr. So lag die Idee nicht fern, Siebenlehn ein neues Gesicht zu geben, indem das Alte brannte. Vorteilhaft war außerdem, dass die Wehrmänner, beruflich tätig als Versicherungsvertreter, Gutachter oder Bauunternehmer (manchmal in Personalunion), aus den Bränden noch Geschäftsprofite schlagen konnten. Feuer zahlte sich für sie in barer Münze aus.

Alle Bürger sind saniert!
Alle Straßen reguliert!
Feuermelder, die mit Kraft,
ohne Gelder dies geschafft,
wer will euren Ruhm verkleenern?

Die Justiz, das ist gemein!
Dreimal Heil den Siebenlehnern
Vom Verschönerungsverein!

Allerdings schafft zu viel des Feuers Übermut. Einige Privatpersonen fanden, dass auch ihre Häuser abbruchreif und nicht zu retten waren. Neu zu bauen, wäre vorteilhaft. So zündelte man auf eigne Rechnung und hoffte, dass die Kumpels von der Feuerwehr beim Löschen nicht allzu aktiv sein würden und die Versicherungen für den Schaden zahlen müssten. Auch konnte man sich auf diese Weise am unliebsamen Nachbarn rächen. Zunächst wurde Bierkutscher Franz Koch verhaftet. Ihm wies das Gericht in Freiberg mehrere geringfügige Brandlegungen nach, bei den großen leugnete er schlichtweg seine Täterschaft. Koch kam hinter Gitter, Brände brachen trotzdem aus.

Im Juni 1906 wurde das Schweigekartell gesprengt, eher zufällig als durch polizeiliche Ermittlungsarbeit. Der erste Prozess brachte eine Lawine ins Rollen, die fast alle Honoratioren des Städtchens mit sich riss. Zunächst trug am 4. und 5. Juni Kaufmann Päßler seinen Streit mit Schuhmacher Richter um die Rückzahlung eines erklecklichen Kredits vor einem Richter aus. In der Verhandlung erwähnte der Schuldner auch einen gelegten Brand bei Gutsbesitzer Dreißig und legte die Verschwörung offen.

»Zu zwölf Jahren Zuchthaus verurteilte gestern und heute das hiesige Schwurgericht in zwei Hauptverhandlungen den Schuhmacher und Wirtschaftsgehilfen Julius Richter aus Obergruna bei Siebenlehn, und zwar wegen Meineides in zwei Fällen zu 8 Jahren Zuchthaus und

8 Jahren Ehrverlust und wegen Brandstiftung zu vier Jahren Zuchthaus und 6 Jahren Ehrverlust. Die Meineide hatte Richter in einem Forderungsprozeß gegen den Produktenhändler Päßler in Siebenlehn gegen ihn wegen 100 Mk. geschworen, in dem er unter Eid behauptete, die Schuld bezahlt zu haben. Die Verhandlung gestaltete sich sehr langwierig, weil der berechtigte Verdacht von Zeugenbeeinflussung bestand. Nach etwa zweistündiger Vernehmung gestand schließlich der als Zeuge vernommene Agent und Rechtskonsulent Schmidt aus Meißen zu, daß ihm der Agent Ehelebe 500 Mark als Abgabe eines für den Angeklagten günstigen Zeugnisses geboten habe. Doch bequemte er sich erst dazu, als eine Ehefrau eine dahingehende Aussage gemacht hatte. Ehelebe und Frau Richter wurden bereits gestern wegen versuchter Verleitung zum Meineide bezw. Begünstigung in Untersuchungshaft genommen. In dem anderen Straffalle wurde Richter zur Last gelegt, am 15. November 1900 zu Obergruna das dem Gutsbesitzer Dreißig gehörige Gehöft, bestehend aus Wohnhaus und Scheune, sowie das dazugehörige bewohnte Seitengebäude vorsätzlich in Brand gesetzt zu haben, nachdem die Besitzung von dem beweglichen Inventar so ziemlich ausgeräumt gewesen ist. Auch in diesem Falle hat die Ehefrau des Angeklagten Richter versucht, Zeugen zu kaufen.« Somit war ans Licht gekommen, dass Dreißig die Versicherung betrogen hatte, ohne Komplizen war das schwerlich machbar. Auch der Kläger hatte mitgetan. Im Oktober 1906 stand er nun vor Gericht.

Produktenhändler Päßler folgten weitere Mannen der Siebenlehner Feuerwehr und ihrer befehlenden Brandmeister und Führungskräfte. Über die Welle nachfolgender Prozesse wurde deutschlandweit berichtet und gelacht. Schier unglaublich schienen die nunmehr von der Polizei ermittelten Fakten: Es wurde eine Posse offenbar, die ungeschönt Politik- und Machtstrukturen des deutschen Kaiserreiches offenlegte: »Feuerwehrleute als Massenbrandstifter« titelten die Zeitungen im Land: »Das sächsische Städtchen Siebenlehn wurde in der letzten Zeit oft von Feuerstürmen heimgesucht. In dem Zeitraume von 1896 bis 1906 sind 43 Brandfälle vorgekommen, bei denen 65 Grundstücke eingeäschert wurden. Im Jahre 1905 sind auf einmal 7 Häuser dem Feuer zum Opfer gefallen. Nach dem Brande wurden auf Betreiben des Bürgermeisters Barthel 500 Mk aus der Königlichen Privatschatulle bewilligt und unter die Feuerwehrleute als Belohnung für den bei den Löscharbeiten bewiesenen Opfermut verteilt. Die Entstehungsursachen aller der zahlreichen Brände blieben zunächst unaufgeklärt, wenn auch Verschiedenes gemunkelt wurde. Große Ueberraschung rief aber eine während einer in Freiberg im Oktober vorigen Jahres abgehaltenen Schwurgerichtsverhandlung, in welcher sich der Produktenhändler Päßler aus Siebenlehn wegen Brandstiftung zu verantworten hatte, durch den Zeugen Schuhmacher Greif gemachte Aussage hervor, die Licht in die dunkle Angelegenheit brachte. Greif wurde sofort verhaftet und Päßler zu 4 Jahren Zuchthaus verurteilt. Durch das Geständnis des Verhafteten wurden die haarsträubendsten Sachen bekannt. Die Feuerwehr war die Brandstifterin.

Kein Tag verging, an dem der nach Siebenlehn entsandte Untersuchungsrichter nicht Verhaftungen vornahm. Auch der Feuerwehrhauptmann, Kaufmann Zetzsche, wurde in gerichtliche Obhut genommen. Aber noch nicht genug; auch das Stadtoberhaupt, der Bürgermeister Barthel, wurde immer mehr in die Affäre verwickelt und schließlich, als das Beweismaterial erdrückend wurde, ebenfalls in Haft genommen, in der er ein umfassendes Geständnis ablegte. Im Laufe der Untersuchung stellte sich ferner heraus, daß von dem Bürgermeister auch noch außer den Begünstigungen der Brandstiftungen andere Amtsverbrechen begangen worden sind. In der letzten und gegenwärtigen Sitzungsperiode des Freiberger Schwurgerichts ist bereits eine Anzahl Brandstifter aus Siebenlehn abgeurteilt worden. Das war aber der kleinere Teil, der größere Teil, 13 an der Zahl, meistens Mitglieder der Freiwilligen Feuerwehr mit dem Hauptmann an der Spitze, hatte erst heute vor den Geschworenen zu erscheinen. – Der Bürgermeister kommt erst später dran, da man annimmt, daß die Verhandlungen noch weitere Verbrechen aufdecken werden, wie auch bei den bereits stattgefundenen Verhandlungen mehrere Versuche von Zeugenbeeinflussungen bekannt geworden sind, die Verhaftungen zur Folge hatten wegen gemeinschaftlicher Brandstiftung, Beihilfe zur Brandstiftung und Versicherungsbetrugs, sind in der heutigen Hauptverhandlung folgende Personen angeklagt: Kaufmann Zetzsche, Baumeister Straube, Schlossergeselle Fischer, Hutmachermeister Braun, Schneidmüller Stein, die Schuhmacher Rost und Starke, Schlossermeister Kaden, Schuhmacher Sohr, Schuhmachermeister Franke, Fleischermeister und Restaurateur Naumann aus Siebenlehn, ferner Wirtschaftsbesitzer Nendel und Schuhmacher Greif, beide aus

Breitenbach bei Siebenlehn. Ein Gendarm hatte sich bereits vor Jahren in einer Anzeige an seine vorgesetzte Dienstbehörde gewandt und darin dargetan, daß in Siebenlehn durchweg viel zu hoch versichert werde und daß der Bürgermeister stets die Anträge als angemessen attestiere. Recht bezeichnend für das Pflichtgefühl des Stadtoberhauptes ist auch eine Aeußerung bei einer Brandschadenregulierung, die dahin lautete, daß es auf ein paar hundert Mark mehr oder weniger nicht ankomme. Fortsetzung folgt.«

Sie folgt am Mittwoch, dem 12. Juni 1907: »Feuerwehrleute als Brandstifter (Fortsetzung) – In der Hauptverhandlung führt Landgerichtsdirektor Dr. Rudert den Vorsitz. Die Staatsanwaltschaft vertritt Assessor Arnold, während die Verteidigung der 13 Angeklagten die Rechtsanwälte Justizrat Heisterberg, Leonhardt, Steyer, Volkening, sämtlich aus Freiberg, und Heinicke aus Roßwein ausüben. Als Sachverständiger ist Branddirektor Stadtrat M. Braun, Freiberg, geladen, außerdem 65 Zeugen. Die Anklage richtet sich im ersten Falle gegen die Angeklagten Schuhmacher Starker, Schlossermeister Kaden aus Siebenlehn und Wirtschaftsbesitzer Nendel aus Breitenbach, die am 17. Juni 1901 den Pferdestall des Hugo Emil Starke gemeinschaftlich und vorsätzlich in Brand gesteckt haben sollen. Starke wird beschuldigt, mit Stroh Feuer gemacht zu haben, während Kaden das Mauerwerk eingehackt und Nendel Löcher in das Dach geschlagen hat, um dem Feuer bessere Zugluft zu verschaffen. Den Angeklagten wird vom Vorsitzenden vorgehalten, daß man in Siebenlehn die Feuerwehr, die sich jetzt aufgelöst hat, nur noch ›Feuermeer‹ genannt habe. Die Feuerwehr habe die zahlreichen Brände selbst angelegt und die Spritzen nur zum Schein in Tätigkeit gesetzt. Es sei der Zweck verfolgt worden, die ganze Stadt neu aufzubauen. Nebengebäude seien ohne Not demoliert worden. Die Feuerwehr habe jedesmal genau bestimmt, wo es brennen sollte. Sogar in den Instruktionsstunden der Feuerwehr sei von den Brandlegungen gesprochen worden. Seitdem sich das Gericht mit der Angelegenheit befasse und die Täter hinter Schloß und Riegel gebracht worden seien, herrsche Ruhe. Der Angeklagte Nendel hat die Leute sogar gefragt, ob sie niedergebrannt sein wollten. Bei dem Brande im Jahre 1905, dem 7 Häuser zum Opfer fielen, wurden gute, nicht gefährdete Dächer ruiniert und Häuser, die nicht brennen wollten, zwei- oder dreimal angezündet. Die Brandmauern der Nachbarhäuser wurden eingeschlagen und in die Nebenräume brennende Balken hineingeschleppt. Auswärtigen Spritzen wurde die Lust am Rettungswerk gründlich vergällt, man gab ihnen kein Wasser oder zerschnitt die Schläuche. Eine Feuersbrunst war immer ein Fest für Siebenlehn, da die Abgebrannten Schmäuse ausrichten mußten. Es wurde sogar darüber gestritten, ob es ›Lagerbier‹ oder ›Bairisches‹ geben sollte. Gestohlen wurde natürlich auch nach Herzenslust. Starke ist zum Teil geständig; wenn Nendel und Kaden für alle Taten bestraft werden sollten, äußert er, so würde ihre ganze Lebenszeit zur Abbüßung der Strafe nicht ausreichen. Der Angeklagte Starke erzählt, daß, als die Biebersteiner Mühle brannte, ein Uebergreifen des Feuers auf das Wohnhaus ausgeschlossen gewesen sei. Dieses sei aber von der Siebenlehner Wehr unter Leitung des Branddirektors Barthel, der gleichzeitig Bürgermeister war, in Brand gesetzt worden. Der Signalist Weller äußerte, als er Einspruch gegen das Treiben erheben wollte, sei ihm gesagt worden: ›Halt die Gusche!‹ Die Feuerwehr habe sogar eine Liste der wegzubrennenden Häuser geführt. Auch städtische Interessen spielten bei den Brandlegungen mit, so daß man von einer Feuerpolitik sprach. Wie Starke bestätigt, hat ein förmlicher Plan vorgelegen, zu dem Winke vom Stadtgemeinderat gegeben worden seien. Es war genau bestimmt, wie man nach dem Brande die Straßen geradelegen wolle. Der Einwohner Leuter, dem man einen Brand bei ihm andeutete, hat sich vor Angst drei Wochen nicht ins Bett gelegt. Die Brandprämien für das erste Erscheinen auf der Brandstätte spielten auch eine große Rolle, da aus der Kasse jährlich drei Feste abgehalten wurden. In der Nachbarstadt Nossen wurde ein Feuer bald gelöscht. Kaden sagt darauf einen dortigen Herrn: ›Wenn es nochmals brennt, müssen Sie uns Siebenlehner kommen lassen. Wir kommen auch mal abends runter.‹ Der Gemeindevorstand des Nachbarorts Bieberstein äußerte einmal, wenn es nochmals brenne, werde er die Siebenlehner Wehr gar nicht zulassen. Bei dem Brande der 7 Häuser am Markt wurden am anderen Tage noch die Mauern mit Winden umgerissen, um die Versicherungsentschädigung zu erhöhen. Der Angeklagte Greif erzählt: Am Abend vorher, bei dem Brande des Friebeschen Pferdestalles, sei er vom Bürgermeister am Spritzen gehindert worden. – In das Rostsche Haus wurde eine Menge Reisig gebracht, damit es besser brenne. Der Besitzer hatte stets das Haus verschlossen gehalten, weil er sich vor der Wehr fürchtete. Als er aber mit einem ihrer

Mitglieder einen Auftritt hatte, begann plötzlich das Haus von der Rückseite zu brennen. Der ebenfalls angeklagte Feuerwehrmann Zetzsche gibt zu, daß sich die Wehr bei dem Siebenhäuserbrande äußerst nachlässig gezeigt habe, später sei es etwas besser geworden, da die Sache manchem doch etwas zu dumm geworden sei, wie er sich ausdrückte. Bezeichnend für die Zustände und namentlich für die Gewissenhaftigkeit der Siebenlehner Behörde, die über die Tätigkeit der Wehr zu wachen hatte, ist, daß Nendel, der Hauptbrandstifter, Inhaber des Feuerwehrehrenabzeichens ist. Als am 17. Juni 1901 das Forsthaus brannte, hat der Angeklagte Starke zum Zeugen Koch gesagt: ›Stell dich einmal hierher, ich muß hier (am Stall) anbrennen.‹ Als Koch ihm erwiderte: ›Mensch, du bist doch verrückt, wenn das die Leute sehen‹, hieß es: ›Der Bürgermeister hat's doch gesagt!‹

Auf dem Hause, das brannte, saßen zwei Feuerwehrleute, aber es fiel ihnen gar nicht ein, irgendwie das Feuer zu löschen. An den Stall wurden Leitern angelegt und das Dach eingeschlagen, worauf es auch gleich von innen brannte. Man bezeichnete diese Tätigkeit mit ›Niederreißen‹, nach der Siebenlehner Auffassung bedeutete das aber nichts anderes als ›Anbrennen‹.«

Ein Serienkrimi zwischen Heiterkeit und Schrecken. Am Donnerstag, dem 13. Juni, war zu lesen: »Feuerwehrleute als Brandstifter (Fortsetzung) – In der Nachmittagsverhandlung wurde auf die sechs Brandfälle, die für die Anklage in Betracht kommen, eingegangen. Es sind dies folgende, bei denen der Wirtschaftsbesitzer Starke und die Mitangeklagten Anders und Naumann, Kaufmann Streubel und Klempnermeister Bitterlich teilgenommen haben. Die Angeklagten Starke, Kaden und Nendel haben am 17. Juni 1901 den Pferdestall des Forsthofes gemeinsam in Brand gesteckt. – Der zweite Fall betrifft den Sieben-Häuser-Brand in der Nacht zum 2. November 1905, und zwar haben die Angeklagten Sohr und Greif auf Anstiftung des Stadtverordneten Franke zunächst das Gebäude des Restaurateurs Otto vorsätzlich in Brand gesetzt. Kurz vorher, am 31. Oktober, war während des Gottesdienstes am Markt ein alter bergbaulicher Schacht eingestürzt und dadurch ein etwa 12 m im Durchmesser großes und 37 m tiefes Loch entstanden. Durch den Einsturz waren einzelne Gebäude bedroht. Als Feuerwehrleute dann an der Einbruchstelle Wache halten mußten, haben sie, namentlich Sohr und Greif, den Plan gefaßt, im Ottoschen Hause Feuer anzulegen und dem Besitzer zu der Brandversicherungsentschädigung zu verhelfen. Vorher war das Haus ziemlich ausgeräumt worden. Der Stadtverordnete Franke, ein Schwager Ottos, hatte zu Sohr und Greif gesagt: ›Da hilft nur noch anbrennen.‹ – Der dritte Fall betrifft das Haus des Bäckermeisters Köhler, das ebenfalls am 5. November 1905 von dem Angeklagten Kaden in bewußtem Zusammenwirken mit den Angeklagten Feuerwehrhauptmann Kaufmann Zetzsche, Baumeister Straube, Schlossergeselle Fischer und Schuhmacher Stein angezündet wurde. Kaden ist geständig, auf dem Dachboden des genannten Hauses Stroh angezündet zu haben. Die anderen haben durch Einschlagen des Daches des genannten Hauses für genügenden Luftzug gesorgt, nachdem Zetzsche als Hauptmann der Feuerwehr das Kommando zum ›Niederreißen‹, nach Siebenlehner Ansicht

›Anbrennen‹, gegeben hatte. Da das Haus auch durch den Schachteinbruch bedroht war, war man damals, wie Kaden sagt, allgemein der Meinung, die einzige Rettung der Leute wäre, ›wenn der rote Sperling käme!‹ Die Stadt sollte dann den Platz übernehmen, das Loch zufüllen und dort eine Anlage schaffen. Kaden erzählte auch, daß schon vor 10 Jahren der Plan bestanden hätte, die Häuser von Köhler, Naumann, Rost und Anders, wenn einmal dort etwas passierte, wegzubrennen. Er habe es dann auch aus reiner Christenpflicht getan, um Köhler vor Schaden zu bewahren. Zetzsche erklärt, daß er mit dem Befehl ›Niederreißen‹ nur einer nicht in Zweifel zu stellenden Anordnung des Bürgermeisters und Branddirektors Barthel Folge gegeben habe. Auch war das Köhlersche Haus deshalb ausgewählt, weil es die meisten brennbaren Stoffe enthielt und sich das Feuer auf das Anderssche Haus und Rostsche Haus von selbst übertragen mußte. – Als vierter Fall kommt der Brand des Andersschen Hauses in derselben Nacht in Frage, der von Sohr und Nendel eingestandenermaßen verursacht worden ist. Nendel schleppte von der Ottoschen Brandstätte ein brennendes Balkenstück in das Haus des Anders. Auch schlug Sohr ein Kammerfenster ein, damit die Flammen von dem brennenden Ottoschen Grundstück hineinleckten. Das Rostsche Haus ist damals auch niedergebrannt. – Im fünften Falle handelt es sich um den Restaurateur Naumann, der sein Haus selbst vorsätzlich in Brand gesteckt hat, in der Absicht, die Versicherungssumme zu erlangen. Kaden, Fischer, Nendel, Zetzsche und Straube haben dabei wissentlich Beihilfe geleistet. Kaden brachte auf dem Boden zwischen allerlei Gerät eine Petroleumlampe, wodurch das Feuer angemacht wurde. Der Gendarm kam später dazu und löschte den Brand aus. Kaden hat das ausgelöschte Feuer wieder angezündet. Sonst wurde auch hier nach der bekannten Methode gearbeitet. Zetzsche will Straube später in dem Feuer herumrührend gefunden haben. Auf die Anrede: ›Du bist aber ein lieber Versicherungsagent‹, entgegnete ihm Straube: ›Ich bin in erster Linie auch noch Baumeister.‹ Bei der am Dienstag fortgesetzten Verhandlung und Vernehmung des Angeklagten Naumann kam noch zur Sprache, daß der Bürgermeister die Leute zum ›Niederreißen‹ angefeuert hat: ›Nur vorwärts, damit wir bald zu Ende sind; die (Hausbesitzer) werden sich noch mit der Hand bedanken.‹

Endlich werden im sechsten Falle die Angeklagten Zetzsche, Straube, Fischer, Kaden, Stein und Rost beschuldigt, in der Nacht zum 2. November 1905 die Wohnhäuser des Kaufmanns Streubel und des Klempnermeisters Bitterlich in Brand gesetzt zu haben. Zetzsche gibt an, daß er nach Verlassen des Naumannschen Hauses vom Bürgermeister angerufen worden sei: ›Nehmen Sie sofort so viel Leute, als Sie haben, und lassen Sie die Häuser Streubel und Bitterlich abbrechen. Die müssen noch weg!‹ – Dieser Befehl kam einigen Feuerwehrleuten doch etwas fatal vor, und sie zögerten anfänglich, ihn auszuführen. Schließlich wurde es aber doch gemacht. Der Gendarm Rudolph sah den Zetzsche auf dem Dachboden des Streubelschen Hauses, wie er in einem in Brand gesetzten Holzstoß die Flammen anfachte. Straube sorgte für Zugluft, und Greif wartete auf dem Dache auf den Ausbruch des Feuers. Der Brand wurde förmlich ›ausgebrütet‹, wie es damals hieß. Die Einwohner von

Siebenlehn äußerten später, die Feuerwehr sei wie eine Räuberbande losgegangen. Greif hatte einmal Feueralarm gemacht, als es noch gar nicht brannte. Er hat zu Protokoll gegeben, daß es schrecklich gewesen sei seit der Zeit, da Bürgermeister Barthel amtierte und Zetzsche das Kommando der Feuerwehr hatte. ›Brennen ist in Siebenlehn weiter gar nichts‹, das ist an der Tagesordnung. Fortsetzung folgt.«

14. Juni 1907: »Feuerwehrleute als Brandstifter (Fortsetzung) – In der (am Mittwoch) fortgesetzten Verhandlung wurde mit der Zeugenvernehmung begonnen. Als erster Zeuge wurde der Gendarm Rudolph aus Siebenlehn vernommen. Dieser hat von Anfang an die Beobachtung gemacht, daß bei der Siebenlehner Freiwilligen Feuerwehr nicht alles zugehe, wie es soll. Wenn er sich dann später über das Treiben der Feuerwehr unterrichten wollte, sei er vielfach bedroht worden. Man habe ihn mit Wasser bespritzt, mit Holzstücken, Dachziegeln und Hausgerät nach ihm geworfen. Sogar aus den Nachbarhäusern ist er vertrieben worden.

Bei den Bränden sei viel gestohlen worden, die Blusen der Feuerwehrleute waren oft so vollgepfropft, daß sie durch eine halbe Tür nicht mehr hindurchkonnten. Es bestand bei vielen Hausbesitzern sogar eine große Furcht vor der Wehr. Sie haben den Zeugen oft aufgefordert, in ihr Haus zu kommen. Der Bürgermeister habe sich dem Zeugen gegenüber feindlich gezeigt. Wenn ein Zeuge zu ihm gesagt habe, das könnte noch gerettet werden, dann erwiderte der Bürgermeister: ›Das ist versichert! Wir schaffen nur das raus, was nicht versichert ist.‹

Gendarm Rudolph hat wiederholt die angelegten Brände gelöscht, sobald er aber den Rücken kehrte, hat es auch gleich wieder gebrannt. Als das Peukersche Haus brannte, sollte auch das Rostsche mit weggehen; es brannten schon Lumpen. Der Zeuge hat diese gelöscht, plötzlich habe er Schläge am Giebel gehört, gleich darauf seien auch Ziegel hereingefallen. Die Feuerwehr hatte ein Loch durchgeschlagen, damit auch das Nachbarhaus brenne. Durch sein energisches Einschreiten sei dann das Rostsche Haus auch erhalten geblieben.

Ferner bestätigt der Zeuge, daß die auswärtige Hilfe von der Siebenlehner Wehr nicht gern gesehen wurde. Man störte die auswärtigen Wehrer in der Arbeit oder wies sie ganz weg. Der zweite Zeuge, der frühere Gendarm von Siebenlehn und jetzige Steuerrezepior Holzhaus aus Röth, bestätigt, daß die Siebenlehner Feuerwehr bei Löscharbeiten sehr saumselig gewesen sei. Als er den Leuten einmal darüber Vorhaltungen machte, rief ihm der damalige Kommandant zu: ›Hier habe ich zu befehlen, niemand sonst!‹ Einmal habe er Feuerwehrleute auf dem Oberboden gefunden. Sie sagten ihm, ›daß sie aufpaßten, bis Flugfeuer käme.‹

Nach Ansicht des Zeugen ist zu den zahlreichen Brandstiftungen der Umstand die Veranlassung, daß die Hausbesitzer durchgängig zu hoch versichert waren und vorher von den Ortsbehörden die Versicherungsanträge bestätigt erhielten. Der Zeuge hat auch wiederholt Anzeigen erstattet, aber niemals sei darauf etwas erfolgt. Auch dieser Zeuge ist von den Siebenlehner Feuerwehrleuten bedroht worden. ›Wenn der Angeklagte Kaden wollte‹, äußert der Zeuge, ›der würde viel wissen von den Sachen.

Aber auch nur ein Fünkchen Wahrheit in Siebenlehn zu erfahren, ist unmöglich, denn alles hält dort zusammen wie Pech und Schwefel.‹ Jeder Feuerwehrmann habe in Siebenlehn vorher gewußt, welches Haus brennen werde. Wollten fremde Wehren eingreifen, dann hieß es einfach: ›Das ist unser Feuer, das geht euch nichts an!‹ Bei dem Brande der sieben Häuser ist nicht der Versuch gemacht worden, das Feuer zu bekämpfen. Bei dem Thielemannschen Brande seien die Betten auf dem Fußboden festgenagelt gewesen, daß sie nur ja nicht gerettet werden konnten. Der Staatsanwalt bemerkt hierher, daß in Siebenlehn wohl alle Versicherungsgesellschaften der Welt vertreten seien, nirgend habe er so viel Versicherungsagenten gefunden.

Am heutigen Verhandlungstage wurde der ehemalige, jetzt in Untersuchungshaft befindliche Branddirektor und Bürgermeister Barthel vorgeführt, um unvereidet verhört zu werden. Er gibt an, daß er der Ansicht gewesen sei, daß keine Brandstiftung bei dem Siebenlehner Häuserbrande vorlag. Das Feuer habe sich auf die übrigen von dem Ottoschen Hause übertragen. Von den Löscharbeiten am Köhlerschen Hause habe die Feuerwehr wegen zu großer Glut absehen müssen. Er erklärt ferner, daß er das Streubelsche und Bitterlichsche Haus wegen Einsturzgefahr in den eingebrochenen Schacht und nicht wegen Feuergefahr habe abreißen lassen. Der Vorsitzende bezeichnet diese Behauptungen als wenig glaubhaft und hält dem Zeugen vor: ›In Ihrem Bericht haben Sie so kolossal gelogen, daß man den Aussagen kaum noch Glauben schenken kann. Bei dieser frivolen Handlungsweise haben Sie noch die Unterstützung des Königs erlangt und die für die Feuerwehr ausgesetzte Belohnung in sehr merkwürdiger Weise verteilt. Die Brandstifter selbst haben noch Gelder davon bekommen.‹

Vors.: Weshalb haben Sie denn die ganzen unhaltbaren Sachen gemacht?

Zeuge: Mir hat am Morgen nach dem Brande das Königliche Kämmereiamt telephoniert. Majestät habe von dem Brande in der Zeitung gelesen und eine Unterstützung gewährt.

Vors.: Hatten Sie die Absicht, die Stadt neu aufzubauen?

Zeuge: Ich kann hierüber keine Auskunft geben.

Staatsanw.: Greif hat behauptet, daß Bürgermeister Barthel am 1. Dezember 1900 die ›Feuertaufe‹ erhalten hat. Damals wäre es hübsch zugegangen, der hätte (zum Trinken) gegeben, jener hätte gegeben, das Feuer hätte der Stadt damals an die 100 Mk gekostet.

Zeuge: Es war üblich, daß die Wachmannschaften bei größeren Bränden Brötchen und Kaffee oder auch einfaches Bier erhielten, aber so viel hat das nicht ausgemacht.

Auf den Vorhalt, daß der Zeuge gesagt habe, ›es möchte seltener brennen, dafür etwas ordentlicher‹, antwortet er: ›Es kann sein.‹

Als Zeuge und Sachverständiger wird hierauf der Branddirektor und Stadtrat R. Braun, Freiberg, vernommen. Er erklärt, daß Löcher zuweilen in die Dächer geschlagen werden können, dann müsse man aber stets Wasser bei der Hand haben. Widersinnige Befehle brauche kein Feuerwehrmann auszuführen. Fortsetzung folgt.«

15. Juni 1907: »Feuerwehrleute als Brandstifter (Fortsetzung) – In der gestrigen Nachmittagsverhandlung (am Donnerstag, 13. Juni) wurde zunächst der frühere Hauptmann der Feuerwehr Moritz Clauß vernommen. Auf die Frage, weshalb er sein Amt niedergelegt habe, erklärt er, daß er einmal zu alt gewesen sei und zum anderen dem Branddirektor nicht nach Gutdünken getan habe. Als er beim Brande des Thielemannschen Hauses infolge der verkehrten Löscharbeit grob geworden sei, habe ihn der Bürgermeister zurückgerufen. Darauf habe er Letzterem erklärt: ›Wissen Sie was, drei sind zur Leitung einer so kleinen Wehr beim Feuer zu viel. Ich lege mein Amt nieder.‹ Im übrigen erklärt Clauß, keine genauen Angaben mehr machen zu können. Der Staatsanwalt teilt hierauf mit, daß wieder neue Verhaftungen vorgenommen seien, und zwar wurden Thielemann und Genossen wegen Verdachts der Brandstiftung in Untersuchungshaft genommen. Der Zeuge Clauß bleibt unvereidet wegen des Verdachts der Teilnahme an der Brandstiftung am Forsthofe.

Der Feuerwehrmann Zimmermann will dem angeklagten Kommandanten Zetzsche seine Meinung gesagt haben: ›Zeigen Sie sich als richtige Feuerwehr, und vergessen Sie nicht, daß Feuerwehrhauptmann, Branddirektor und Staatsanwalt drei Personen sind.‹ Als der Siebenhäuserbrand ausbrach, hat der Zeuge krank gelegen. Er wußte aber sofort, um welche Häuser es sich handelte. Der Zeuge Kirbach hat auf dem Möbiusschen Hause Reisig und Holz gefunden, das jedenfalls von der Feuerwehr hinaufgetragen worden ist. Der Handarbeiter Schmergel, der in dem abgebrannten Rostschen Haus wohnte, wurde, als er dableiben wollte, von den Feuerwehrleuten fort-gebracht. Der Zeuge Rost bestätigt, daß die Wehr sich untätig gezeigt habe. Ein weiterer Zeuge, der zu 10 Jahren Zuchthaus verurteilte Koch, ist dabei gewesen, als Starke den Stall am Forsthofe durch Hineinschleppen eines brennenden Balkenstücks anzünden wollte. Auf sein Zureden ließ Starke davon ab, weil zu viele Leute herumstanden, und ging dann in den Stall hinein, um ihn nun so sicherer anzubrennen, weil das der Bürgermeister befohlen hatte. Zeuge bekundet ferner, daß ein Brand in Siebenlehn jedesmal ein großes Fest und alles betrunken gewesen sei. Greif soll einmal gesagt haben, daß die Paus'sche Brauerei bald darankomme. Man müsse den Besitzer aber noch etwas warten lassen, weil er zu geizig sei. Die Brauerei sollte deshalb fort, weil die Bewohner einiger Nachbargrundstücke unter der Rauchbelästigung litten. Koch erklärt weiter: ›Wenn man schön leben wollte, brauchte man nur zur Feuerwehr zu gehen.‹ Einmal hatten deren Mitglieder Vergnügen durch Prämien, und wenn es brannte, gab's immer was. Die Stadt gab auch etwa, so daß man aus dem Vergnügen nicht herauskam. Dieser Zeuge wird nachträglich vereidigt.

Bei der am Donnerstag fortgesetzten Verhandlung sagte der Zeuge Produktenhändler Päßler aus Siebenlehn, welcher bereits im vergangenen Jahre wegen Brandstiftung zu vier Jahren Zuchthaus verurteilt worden ist (er hatte im März 1905 sein eigenes Haus angezündet), aus, daß sein Haus auch von der Feuerwehr zum Wegbrennen bestimmt gewesen sei und er deshalb auf Veranlassung des Angeklagten Greif selbst den Brand angelegt habe. Der Angeklagte Sohr hat zu den beim Schachteinsturz Wache haltenden Mannschaften gesagt: ›Geht noch einer ran (an Ottos Haus, das nachdem auch zuerst brannte) und haltet ein Streichholz daran.‹ Er sei darauf nach Hause gegangen und habe das Feuer zu Hause mit den Kleidern im Bett liegend erwartet. Als der Zeuge zum Brandplatz kam, hörte er den Schlauchführer Rost sagen: ›Macht nicht so schnell, damit das Feuer erst richtig brennt.‹

Beim Neumannschen Brande, bestätigt der Zeuge, wurde viel getrunken. Er selbst hat eine Spülwanne genommen, mit Lagerbier gefüllt und zum Spritzenzuge getragen. Dort wurde ihm gesagt, Kognak sei vorhanden, doch Zigarren fehlten. Im übrigen bedienten sich die Leute selbst. Sie räumten alles aus, daß Naumann beim Fortgehen bemerkt hatte: ›So, macht jetzt, was ihr wollt.‹ Ferner bezeugte Päßler, daß einmal in der Feuerwehr-instruktionsstunde die Aeußerung gefallen sei: ›Wenn das Geld einmal in der Feuerwehrkasse knapp wird, können wir immer die Ludwigsche Scheune anzünden.‹

Die meisten weiter vernommenen Zeugen bestätigten teilweise das, was von anderen bereits ausgesagt ist. Der Zeuge Leudert bekundet, daß ihm der Angeklagte Sohr mit der Aeußerung: ›Jetzt kommen Sie bald dran‹, große Angst eingejagt habe. Als er einst zu Köhler gesagt hat, es sei doch eine Schande, wie es in Siebenlehn zugehe, wurde ihm von dem mit anwesenden Anders entgegnet: ›Das verstehen Sie nicht, was hier geplant ist.‹

Die Feuerwehr habe den Spitznamen ›Verschönerungs-verein‹ in Siebenlehn gehabt. Fortsetzung folgt.«

Am Sonntag, dem 16. Juni 1907, liest man vom freitäg-lichen Verhandlungstag. Es kamen Fakten zur Sprache, die

die Komödie zur Tragödie werden ließen. Viele im Publikum hatten Tränen in den Augen: »Feuerwehrleute als Brandstifter (Fortsetzung) – Wie schon telegraphisch gemeldet worden ist, hat sich der mitangeklagte Schneidemüller und Schuhmacher Stein in seiner Zelle entleibt. Der am Mittwoch als Zeuge vernommene ehemalige Hauptmann der Siebenlehner Feuerwehr Moritz Clauß wurde im Zellaer Walde ebenfalls erhängt aufgefunden. Er hatte sich am Donnerstagnachmittag aus seiner Wohnung entfernt.«

Alle Indizien sprachen für einen Selbstmord des Schuhmachers, auch wenn Moritz Clauß keinen Brief in den Taschen seiner Kleidung hatte, in dem er seinen Selbstmord begründete. Als man Clauß' Witwe Sidonie die Leiche ins Haus Albertstraße 18 trug, hatte sie aber ein Abschiedsschreiben im evangelischen Kirchengesangbuch gefunden. Der Verstorbene hatte ihn adressiert »An das Hohe Königliche Amtsgericht in Freiberg«:

»Ich beschwöre hiermit vor unsern Lieben Gott, das ich keine Ungezogenheit in Brandlegen oder Vergrösern eines Brandes alz Feuerwehrmann zu gegäben habe vil weniger denselbst gemacht. Ich kann es aber nicht wieder durchmachen das ich noch einmal vor das hohe Gericht Treeten sol, und die Fielen Schuldichen wie unschuldigen Opfer mit ansehn wie ich heute in unserm Wochenblatt Leese hatt mich der Friere Cezdarm Holzhaus Ferleimt. Das ist die greeßte Liege dieselber vor Herrn Landgericht gemacht hatt.«

Und der Suizidale schließt:

»Ich gehe freiwillig in den Tod, den es greift meine Ehre ahn. Ich bitte meinen himmlischen Gott u Vater mir zu

verzeihen und neme mich Vater u Heiland in dein Reich
auf. Gott sei mir Armen Sünder gnädig   *Moritz Clauß*«

Eine Woche später trägt man den ehemaligen Feuerwehr-
kommandanten zu Grabe. Einigen in der Trauergemeinde
schlägt das schlechte Gewissen bis zum Hals: »Die Teilnahme an der Beerdigungsfeier des ehemaligen Feuer-
wehrkommandanten Moritz Clauß gestaltete sich für den
Verstorbenen zu einer sehr ehrenhaften. Der lange
Trauer-Kondukt wurde eröffnet von Vertretern des
Döbelner Bezirks-Feuerwehr-Verbandes und Mitgliedern
der Freiwilligen Feuerwehr Nossen in Uniform. Diesen
folgte die Siebenlehner Freiwillige Feuerwehr in Zivil,
Vertreter der Kampfgenossen-Vereinigung Nossen-
Siebenlehn, der Schützengesellschaft und des Königl.
Sächs. Militärvereins ›Kronprinz Georg‹, Siebenlehn. Am
Grabe verlas Ortspfarrer Morgenstern ein kurzes Schrift-
wort, worauf der Bezirks-Feuerwehr-Verband Döbeln
und die Freiwilligen Feuerwehren Nossen und Gleisberg
sowie die Freie Vereinigung der Kampfgenossen Nossen-
Siebenlehn prächtige Blumenspenden mit Widmungs-
schleifen niederlegten. Clauß war Kriegsveteran, der zwei
seiner Söhne in den Kampf für deutsche Ehre nach Süd-
west-Afrika ziehen ließ, und den Schmerz erleben mußte,
einen derselben nicht wiederkehren zu sehen. In dem von
ihm zurückgelassenen Briefe an das Königl. Landgericht
schwört er vor Gott, daß er dies Brandlegen oder das
Weiterschüren eines ausgebrochenen Feuers als Feuerwehrmann weder zugegeben noch selbst unternommen
habe. Er vermöge nicht noch einmal vor das Gericht zu
treten und die vielen schuldigen und unschuldigen Opfer

mit anzusehen. Er gehe freiwillig in den Tod, denn, so schließt er, ›es greift meine Ehre an‹. Zum Schlusse bittet er seinen himmlischen Vater, ihm zu vergeben und ihn in sein himmlisches Reich aufzunehmen.«

Clauß' Abschiedsbrief wurde coram publico verlesen. »Die Mitteilungen machten im Schwurgerichtsaal einen tiefen Eindruck. Im Verlaufe der fortgesetzten Verhandlung sagt der Zeuge Weininger aus, daß er bei dem Siebenhäuserbrande von Feuerwehrleuten bedroht worden sei. ›Er werde eins an den Kopf bekommen, wenn er nicht verschwinde‹, wurde ihm zugerufen.

Die Zigarrenmacherin Sparmann, die am 31. Mai d. J. wegen Brandstiftung zu 1 Jahr 6 Monaten Zuchthaus verurteilt worden ist, hat jetzt ein volles Geständnis abgelegt. Sie hat in dem von ihr bewohnten Rostschen Hause Feuer angelegt, um sich zu helfen. ›Es war einmal so Mode‹, versichert sie. Ferner bekundet die Zeugin, daß der Bürgermeister Barthel bei Streubel selbst eine brennende Petroleumlampe hinter den Ladentisch geworfen habe. Bei dem Andersschen Brande soll sich die Familie Riedel ein hübsches Stück Geld verdient haben, da sich Frau Riedel für 90 Mk ein Gebiß kaufen konnte. Als der Angekl. Naumann darum befragt wird, entgegnet er: ›Ich habe ihr keinen Kuß gegeben.‹ Der Staatsanwalt beantragt hierauf eine Ordnungsstrafe wegen dieser unverschämten Antwort. Der Gerichtshof beschloß, davon abzusehen und den Angeklagten den Geschworenen zu überlassen.

Es traten hierauf zwei Zeugen, der Buchdruckereibesitzer Gustav Müller und der Lehrer Wilhelm aus Siebenlehn, auf, welche die Verhältnisse in Siebenlehn als harmlos darzustellen suchten. Sie bemühten sich auch, alles möglichst Gute über einige Angeklagte zu sagen und versuchten, Leumundszeugen vorzuschlagen, was ihnen vom Vorsitzenden folgende Rüge eintrug: ›Das geht zu weit, Sie müssen hier objektiv und ruhig sein. Sie sind doch nicht hierhergekommen, um eine Lanze für Siebenlehn zu brechen. Leumundszeugen Ihrer Eigenschaft als Zeugen vorzuschlagen, das geht zu weit!‹

In der heute fortgesetzten Verhandlung sagt der Zeuge Bäckergeselle Graf aus, daß er bei dem Brand der sieben Häuser beim Ausräumen geholfen habe, dann aber durch den Angeklagten Sohr weggewiesen worden sei. Das Feuer war erst im Entstehen begriffen und hätte nach seiner Ansicht sehr leicht gelöscht werden können.

Der nächste Zeuge, der Fabrikarbeiter Köhler, erklärt zu dem Thielemannschen Brande, daß das Haus nicht hätte weggehen brauchen. Zu dem Brande der sieben Häuser an dem Schachteinsturz liegt ein Brief des Zeugen vor, den er an seinen Bruder noch in der Brandnacht geschrieben hat. In denselben heißt es u. a.: ›Nun munkeln sie noch vom Anzünden. Wenn du dein Geburtshaus noch einmal sehen willst, dann bezahle ein paar Mark und komme hierher.‹ Der Zeuge hat mit seinen Eltern in steter Feuergefahr geschwebt und sich sehr unsicher gefühlt. Wenn er auf dem Boden des väterlichen Hauses einen Feuerwehrmann erwischt hätte, so glaubt er, daß er ihn erschlagen hätte. Dasselbe bestätigt auch der Vater des Zeugen, Bäckermeister Köhler. Als er bei Otto (Forsthof) Feuer gesehen hätte, da habe er Bescheid gewußt, daß er auch brennen müsse. Er habe sein Haus mit Tränen in den Augen verlassen.

Ein weiterer Zeuge, der Zimmermann Lehnhardt, bekundet, daß ihm vom Feuerwehrhauptmann Zetzsche das Bespritzen des Bitterlichschen Hauses verboten worden sei. Auch ist nach seiner Ansicht kein Wasser beim Löschen des Ottoschen Grundstücks (Forsthof) verwandt worden. Wenn korrekt vorgegangen worden wäre, hätte auch das Köhlersche Haus nach dem Ottoschen nicht in Brand geraten können.

Der Hausbesitzer und Gemeindediener Putzger aus Breitenbach sagt aus, daß man der Breitenbacher Spritze überall zu frühzeitig den Befehl zum Rückzug gegeben habe und daß sie deshalb kein Feuer habe löschen können. Sie seien vom Bürgermeister bei dem großen Brande hinter die ziemlich entfernt liegende Ratsexpedition geschickt worden. Der Gemeindevorstand Gelbrich aus Breitenbach hatte beim Brande die Empfindung, daß die Breitenbacher Wehr nicht deshalb die Schläuche habe zurückziehen müssen, weil Gefahr bestände, daß sie anbrennen, sondern zu dem Zwecke, daß die Häuser besser weiterbrennen könnten. Es wäre ihr befohlen worden, ihr Wasser bei Hanbold, etwa 100 m vom Brandplatze entfernt zu holen, obgleich sie solches näher haben konnten.

Bisher sind 60 Zeugen vernommen. Fortsetzung folgt.«

Der Abschluss der Fortsetzungsreportage folgt am 17. Juni 1907: »Feuerwehrleute als Brandstifter (Schluß) – Heute Vormittag wurde unter starkem Andrange des Publikums die Verhandlung wieder aufgenommen. Nachdem die Schuldfragen – es sind deren 72 – den Geschworenen bekanntgegeben waren, begannen die Plädoyers. Der Vertreter der Staatsanwaltschaft, Assessor Arnold,

führte in 3½ stündiger Rede aus: Die Siebenlehner Brandstiftungen haben weit über den hiesigen Kreis hinaus be-
rechtigtes Aufsehen und Erstaunen erregt. Durch fort-
gesetztes Begehen von Verbrechen ist das Rechtsempfin-
den sehr abgeschwächt, zumal die Ortsbehörden Hand in
Hand mit der Bevölkerung gegangen sind. Als im vergangenen Herbste die ersten Verhaftungen erfolgten, da sagte
man sich, es müssen doch recht verrottete Zustände sein.
Ja, man möchte wohl so weit gehen und sagen: ›Es haben
dort russische Zustände geherrscht!‹ Auch habe der Sachverständige für Feuerwehrwesen sich geäußert: ›Wir
haben in einen tiefen Abgrund hinabblicken müssen.‹
Man las s. Z. in der Presse, die Leute hätten in Not und Be-
drängnis gehandelt; es sei vielleicht zuzugeben, daß es sich
bei den Häusern des Otto und Enders um eine unerlaubte
Selbsthilfe handelte. Im übrigen liege aber höchst frivole
und gemeingefährliche Brandstiftung vor, eine Brandstiftung, die zum Teil gegen den Willen der Hausbesitzer und
bei deren direktem Widerstand vorgenommen wurde.

Der Vertreter der Anklagebehörde schilderte dann in
einem Rundblick die im Jahre 1865 vom Vater des Angeklagten Zetzsche gegründete Siebenlehner Feuerwehr. Sie
mag zunächst eine ganz brauchbare gewesen sein; erfüllte
aber im Laufe der Zeit den Zweck, Brände zu löschen,
recht wenig. Zuerst ließ man die Feuer ruhig brennen, und
zuletzt zündete man sie selbst an. Der Angeklagte
Zetzsche habe zugeben müssen, daß man in Siebenlehn
eine ›Feuerpolitik‹ betrieb. Man sagte, daß in Siebenlehn
der ›Feuertyphus‹ herrsche. Der Angeklagte Greif habe
den Grund angegeben, wie solche Zustände entstehen
konnten: ›Das Spielen und das liederliche Leben‹, da

haben sie den Grund. Hierauf ging der Assessor Arnold auf das Ergebnis der Beweisaufnahme und die einzelnen Brandfälle ein und fuhr dann fort: ›In den besseren Siebenlehner Kreisen habe schließlich eine Empörung Platz gegriffen, man sah, daß es zur Katastrophe kommen werde. Die Wehr war im Laufe der Jahre ein ‚Verschönerungsverein‘ geworden und mit Leuten durchsetzt, die zum größten Teile Brandstifter waren. Sie arbeiteten Hand in Hand, die einen schlugen die Dächer ein, und die anderen brannten darunter an.‹

Der öffentliche Ankläger ist der Ansicht, daß man alle Angeklagten gleich bemessen muß. Assessor Arnold fuhr dann fort: ›Ich halte das Verbrechen für ein schmachvolles und nicht würdig einem Kulturvolk wie unser Sachsen es ist. Meine Herren Geschworenen! Helfen Sie dazu, das nicht der alte Zeuge Holzhaus, wenn ihm das Urteil zu Ohren kommt, sagen muß: Auch der Appell an die Geschworenen war ohne Erfolg!‹ – Um 1 Uhr wurde die Sitzung bis 4¼ Uhr unterbrochen. Es kam hierauf die Verteidigung zu Worte. Rechtsanwalt Hennicke, Roßwein, der die Angeklagten Sohr und Straube verteidigt, bestreitet, daß das Ottosche Haus noch als ein zur Wohnung von Menschen bestimmtes Gebäude anzusehen sei, da es durch den Schachteinsturz gefährdet und deshalb verlassen war. Sohr, der das Gebäude angezündet, stehe milder zur Seite, daß er aus Mitleid mit der Ottoschen Familie gehandelt habe. Seine Tat sei eine Folge des Milieus, in dem er lebte; die verrotteten Ansichten der Feuerwehrleute, die perversen Ideen des Bürgermeisters weisen darauf hin, daß in Sohr nicht ein Verbrecher von gemeiner Gesinnung zu erblicken sei. Straube habe nur Befehle, die er erhalten habe, ausgeführt. In erster Linie treffe die Schuld den Bürgermeister Barthel, in zweiter die zuständige Amtshauptmannschaft, die nichts getan habe, um die verdächtige Angelegenheit zu untersuchen. Wozu habe man Detektive, wenn sie nicht verwendet werden? Hatte denn die Amtshauptmannschaft nicht die Mittel, um nachforschen zu lassen, ob die Anzeige des Gendarmen Rudolph auf Wahrheit beruhe? Eine große Schuld habe die Behörde auf sich geladen. Die Mehrzahl der Leute säße nicht auf der Anklagebank, wenn dem Gendarmen geglaubt worden wäre. Die Amtshauptmannschaft hat sich darauf beschränkt, vom Bürgermeister einen Bericht einzufordern; und der ›widerlegte‹ natürlich alles auf das glänzendste. Drittens treffe den Gendarmen Rudolph die Schuld. Fürchte sich denn ein sächsischer Gendarm vor dem Wasserstrahl? Er hätte trotz der Ziegelstücke, die ihm um den Kopf flogen, darauf losgehen müssen, um festzustellen, wer es war. Hätte er so gehandelt, dann säßen viele nicht auf der Anklagebank.

Rechtsanwalt Vollkering, Freiberg, verteidigt die Angeklagten Nendel, Braun und Rost. Er führte zunächst aus, daß der durch Selbstmord aus dem Leben geschiedene Angeklagte Stein nicht aus Schuldbewußtsein zu der Tat geschritten, sondern durch die 8–9 Monate währende Untersuchung mürbe geworden sei. Auch er bestreitet die Schuld seiner Klienten und rügt das Verhalten der Behörden. Die Feuerwehrleute seien als gediente Soldaten an Disziplin gewöhnt gewesen. Sie haben sich auch verpflichtet gehalten, den Befehlen des Bürgermeisters nachzukommen. Der Verteidiger weist auch darauf hin, daß die

Zustände in Siebenlehn, wie sie zu Bürgermeister Barthels Zeiten herrschten, auch schon vorher eingerissen waren.

Justizrat Dr. Richter bezeichnet die Angeklagten Kaden und Fischer, die er vertreten hat, für schuldlos. Die Zustände in Siebenlehn mögen verrottet gewesen sein, aber so schlimm, wie dargestellt werde, waren sie nicht. Nach seiner Ansicht sind in Siebenlehn faule Elemente vertreten, vor denen sich die Feuerwehr nicht habe erwehren können, da man in einer so kleinen Stadt Leute brauchte.

Justizrat Heisterberg plädierte für die Angeklagten Franke und Naumann, der Beihilfe bzw. Mittäterschaft bei dem Ottoschen Brande als nicht erwiesen erachtet. Es fehlte die gemeinschaftliche Ausführung.

Den Feuerwehrhauptmann Zetzsche verteidigt Rechtsanwalt Steyer. Er beantragt dessen Freisprechung, da er den Weisungen des Branddirektors gefolgt sei. Der Angeklagte habe nach keinem Plane gehandelt. Er habe zwar in einigen Fällen nicht recht gehandelt, aber deswegen könne er nicht verurteilt werden. Auch sind die Ansichten über die Art der Bekämpfung eines Feuers sehr verschieden. Sollten die Geschworenen Zetzsche doch für schuldig halten, so könne er nur wegen schwerer Sachbeschädigung (§205) bestraft werden.

Rechtsanwalt Leonhardt endlich verteidigte die Angeklagten Starke und Greif und spricht ebenfalls für deren Freisprechung. Das Zeugnis des zu zehn Jahren Zuchthaus wegen Brandstiftung verurteilten Koch, der Starke allein belastet, könne keinen Glauben finden, um eine Verurteilung herbeizuführen. Ebenso bezeichnet der Verteidiger auch Greif der Mittäterschaft nicht für schuldig und bittet um dessen Freisprechung.

Nach einer längeren Rechtsbelehrung ziehen sich die Geschworenen nachts ½11 Uhr zur Beratung zurück. Früh 2 Uhr wurde nach siebentägiger Verhandlung folgendes Urteil verkündet: Die Angeklagten Kaufmann und Feuerwehrhauptmann Zetzsche, Baumeister Straube und Schlossermeister Kaden werden wegen schwerer Brandstiftung zu je 3 Jahren 6 Monaten Zuchthaus und je 6 Jahren Ehrenrechtsverlust verurteilt. Jedem werden 6 Monate Untersuchungshaft angerechnet. Wegen einfacher Brandstiftung erhalten Zeugarbeiter und Wirtschaftsbesitzer Nendel 3 Jahre 6 Monate Gefängnis, 4 Jahre Ehrverlust, Schuhmacher Sohr 1 Jahr 9 Monate Gefängnis und 3 Jahre Ehrverlust und Schuhmacher Starke 1 Jahr 6 Monate Gefängnis und 3 Jahre Ehrverlust; es werden 6 bez. 3 Monate der verbüßten Untersuchungshaft angerechnet. Der Stadtverordnete Schuhmachermeister Franke erhält wegen Beihilfe zur Brandstiftung 7 Monate Gefängnis, die durch die Untersuchungshaft verbüßt sind. Schuhmacher Greif, Schlossergeselle Fischer, Hutmachermeister Braun, Schuhmacher Rost und Fleischermeister und Restaurateur Naumann werden freigesprochen.«

Ein erstaunlich mildes Urteil ist gesprochen. Doch mehren sich die Kommentare, die im Fall des Siebenlehner *Ortsverschönerungsvereins* mehr sehen als einen Einzelfall der Politik. Der Kommentar zur Sache stand im bürgerlichen *Leipziger Tageblatt* auf Seite eins:

»Wer hat bisher das kleine anscheinend so harmlose und bürgerlich sittsame Schuhmacherstädtchen in der Meißner Amtshauptmannschaft gekannt, das seit einer Woche und zwei Tagen darüber in den Spalten unzähliger Zeitungen genannt wird? Außerhalb Sachsens sicherlich verhältnismäßig wenige, und selbst innerhalb der grün-weißen Grenzpfähle wird der Name Siebenlehn nur für weitere Kreise auch jetzt erst geläufig geworden sein. Und nun gehört er in die Reihe von Städtenamen, die ihre Berühmtheit haben. Jene freilich, deren man mit einem Augenzwinkern und satirischen Lächeln um die Lippen gedenkt, und deren die Bewohner der Stadt nicht froh werden mögen.

Als man zuerst von der Siebenlehner Feuerwehr hörte, die ihren Beruf mit dem eines Verschönerungsvereins verwechselte, und darum auch ihre Tätigkeit auf den Kopf stellte, indem sie, statt Brände zu löschen, Brände anfachte, glaubte man es mit einer Meldung des ›Arizona-Kickers‹ aus dem wildesten Westen zu tun zu haben, oder man erinnerte sich phantasievoller Schauergeschichten, in denen die Vorgänger eines Sherlock Holmes erkundeten, daß Bürgermeister und Polizeibedienstete Einbrüche und Raubanfälle verübt hatten, für die man bis dahin vergeblich nach dem Täter gesucht. Aber was zuerst unglaublich erschien, wurde mit Tatsachen belegt, Tatsachen, die für dies Fleckchen Erde von geradezu kulturhistorischer Bedeutung sind.

Der wohlbestallte Bürgermeister eines Städtchens von 2.300 Einwohnern findet den an sich löblichen Beruf in sich, den von ihm regierten Ort zu verschönern, er ist ihm zu armselig. Die Straßen entsprechen nicht seinem ästhetischen Ideal, noch weniger die alten, baufälligen Häuser. Eine gründliche Erneuerung ist notwendig. Dann wird Siebenlehn eine Perle unter den umliegenden Städten werden, und es wird den Vater der Stadt feiern, der so Herrliches geschaffen hat. Mit kundigem Blick wird ein

Bauplan entworfen, der mit dem alten Gerümpel aufräumt, der das neue Siebenlehn einer nahen Zukunft entstehen lassen soll. Ein vortrefflicher Gedanke, dessen Verwirklichung sich nur ein kleiner Mangel in den Weg stellt. Das leidige Geld fehlt. Ein Lump, der sich an solchen Kleinigkeiten stößt! Es gibt doch genug Geld in der Welt. Man muß es nur geschickt zu suchen wissen. Und in Siebenlehn war man so übergescheit, den Weg dafür zu finden. Die Brandkassen haben ja so unmenschlich viel Geld. Wozu es immer weiter aufspeichern, wenn es zu einem so idealen Zweck verwandt werden kann, eine Stadt durch neue Gebäude zu verschönern?

Und wie gedacht – so getan. In Siebenlehn brannte es alsbald innerhalb von 10 Jahren 43-mal, wobei 65 Grundstücke in Mitleidenschaft gezogen wurden, darunter der wirkungsvollste Brand im Jahre 1905, dem sieben am Markt gelegene Häuser zum Opfer fielen. Brach ein solches Feuer aus, so wußte man bei der Feuerwehr gleich Bescheid. Es wurde nur zum Schein gelöscht, versiegenden Flammen wurde liebevoll wieder zum Leben verholfen, fremden Feuerwehren, die noch auf dem alten Standpunkt standen, sie seien zum Löschen gekommen, wurde dieser falsche Berufseifer verekelt, und während wie nach dem Brande tat man sich auf Kosten des glücklich Abgebrannten, der ja allemal gut versichert war, gütlich und holte das beim Brand versäumte Löschen am Bierquell nach. So war alles fein organisiert, um Siebenlehn zu neuem Leben zu verhelfen, es zu einer ganz modernen Stadt umzugestalten. Nur schade, daß dem durch die rächende Justiz ein Ende bereitet wurde, als bei einer im vorigen Herbst zur Rechenschaft gezogenen

Brandstiftung durch einen unter dem Zeugeneid gesprächigen Schuhmacher Licht in die dunkle Angelegenheit kam und nun mit einem Mal ein Feuer entfacht wurde, daß die Schuldigen vor dem rächenden Tribunal verzehren soll.

Zwei von ihnen haben sich während der Schwurgerichtsverhandlung selbst gerichtet. Sie sind nach einem offenen Geständnis aus dem Leben geschieden. Andere wandern jetzt in das Zuchthaus oder ins Gefängnis, je nach der Größe ihrer Schuld, und wieder andere, das würdige Stadtoberhaupt vor allem, das in sich die Eigenschaften des Branddirektors und Brandstifters so harmonisch vereinigte, sehen ihrer Aburteilung noch an einem späteren Termin entgegen. So ist dafür gesorgt, daß die Siebenlehner Burleske ihren komischen Charakter entkleidet und eines tragischen Ausgangs schließlich teilhaftig wird, und das von Rechts wegen.

Dem Kulturhistoriker aber bleibt die Aufgabe, darüber nachzusinnen, wie solche psychologischen Irrgänge zu erklären sind, in die sich eine ganze Reihe bisher scheinbar durchaus achtbarer Männer verstricken und durch sie zu Verbrechern werden ließen. Zwei Momente dürften dabei vor allem in Betracht kommen. Das eine ist die schon so oft auch in anderen Fällen bekundete Anschauung, daß man öffentlichen Kassen gegenüber ein recht weites Gewissen haben darf, ohne sich darüber Vorwürfe machen zu müssen. Bei allen Steuer- und Zolldefraudationen spielt dieses Moment eine ausschlaggebende Rolle. Männer, die ihr Leben lang als untadelige Ehrenmänner galten, erscheinen bei Prüfung ihrer Hinterlassenschaft schuldig schwerer Steuerdefraudationen. Den Staat zu betrügen war ihnen kein Vorwurf. In gesteigertem Maße teilten die Siebenlehner diese Anschauung, indem sie leichten Herzens sich weit höher versicherten, als sie durften, und die Gemeindebehörde half ihnen dabei durch bereitwillige Bescheinigungen. So wurde der Mangel an einer Moral der staatsbürgerlichen Pflichten zum Ausgang des Verbrechens.

Und dazu das andere Moment: die erschreckende Ansteckungskraft von verbrecherischen Handlungen, die im Stillen bekannt sind, aber in der Öffentlichkeit nicht zur Rechenschaft gezogen werden. Dieser Bazillus einer moral insanity ist es, der dem Psychologen zu denken gibt. Er hat hier in einem bis dahin ehrbaren Landstädtchen wie eine Epidemie gewüstet und hat Erscheinungen einer Unmoral zutage gefördert, die für einen Kulturstaat beschämend sind. Das muß offen gerade herausgesagt werden. Und dann wird man auch den mehr juristischen und verwaltungstechnischen Fragen nachzugehen haben, wie es möglich war, daß solche Zustände, wie sie in Siebenlehn geherrscht, nicht früher zur Verantwortung gezogen wurden. Die Häufigkeit der Brandfälle mußte doch auffallen, mußte Verdacht erregen. Uns ist unverständlich, weshalb dieser Verdacht nicht dazu führte, ein gründliches Ermittlungsverfahren mit Hilfe eines erfahrenen Kriminalbeamten einzuleiten. Das hätte bei rechtzeitiger Anwendung zur baldigen Aufspürung des Brandstifternestes führen und so die Ausdehnung des Unwesens verhindern können. Die Verteidigung hat im Prozeß auf diese ganz offenbaren Mängel hingewiesen. Es wäre wünschenswert, wenn darüber bald Aufschluß gegeben würde. Denn es liegt im Interesse des sächsischen

Staates, daß hier nicht eine schwächliche Gemütlichkeit vermutet wird, die uns nicht gerade zur Ehre gereichen würde.«

Bürgermeister Richard Barthel war im großen Prozess um die Massenbrandstiftungen nur als Zeuge geladen. Bereits am 5. April hatte ihn ein Gericht wegen der Unterlassung einer strafbaren Anzeige verurteilt. Der Bürgermeister hatte die Unterschlagungen durch den Ratsdiener und Schutzmann Schwenke nicht den Behörden angezeigt, wohl weil er von Schwenke erpresst wurde, denn auch der löschte in der Feuerwehr und wusste vom unrechten Tun Barthels. Die verhängte Strafe fürs Siebenlehner Stadtoberhaupt betrug zwei Monate. Die hätte Barthel abgesessen, doch da weitere Prozesse anhängig waren und weitere Gefängnisstrafen drohten, behielt man ihn in Haft.

Am 3. September 1907 verurteilte die Ferienstrafkammer des Königl. Landgerichts Richard Barthel wegen Betrug, Untreue, Verbrechen und Vergehen im Amte. Einen Monat später, am 4. Oktober, folgte der nächste Prozess: »Zum dritten Male hatte sich heute der frühere Siebenlehner Bürgermeister Barthel wegen schwerer Verfehlungen im Amte zu verantworten. Während er bereits zwei-mal vom Landgericht zu 2 Monaten Gefängnis und kürzlich zu 2 Jahren und 9 Monaten Zuchthaus verurteilt worden war, hatte er sich heute vor dem Königl. Schwurgericht wegen Beamtenunterschlagung, schwerer Urkundenfälschung und Untreue zu verantworten. Barthel ist heute angeklagt, Gelder, die er in amtlicher Eigenschaft in Empfang genommen, sich in rechtswidriger Absicht angeeignet und die Bücher gefälscht zu haben. Barthel hat in den Jahren 1903 und 1904 Sparkassengelder in Höhe von 40.000 Mk. heimlich entnommen, ohne sie zu buchen. Weiter hat er ohne Genehmigung des Sparkassenauschusses oder des Gemeinderates Gelder der Sparkasse entnommen und zu seinem Nutzen verwendet, indem er sie zu 6 Proz. auslieh, an die Sparkasse aber nur 4½ Proz. ablieferte. Für dieses Gebaren gibt Barthel als Rechtfertigung an, daß er durch weitgehende Gewährung von Hypotheken an industrielle Unternehmen neue Industrie habe nach Siebenlehn ziehen wollen. Wie er aber dabei verfuhr, das zeigen folgende Fälle: Barthel schloß mit dem Werkmeister Höfer, der in Siebenlehn eine Schuhwarenfabrik errichten wollte, zwei Verträge ab. Der erste, den er in seiner Eigenschaft als Bürgermeister abschloß, lautete, daß Höfer außer einem Darlehen bis zu 80 Prozent des Grundstückswertes auch noch eine zweite Hypothek von 3.000 Mk. zu 4½ Prozent auf zehn Jahre unkündbar erhalte. Der zweite Vertrag ging dahin, daß Barthel der Firma Höfer einen stillen Teilhaber mit 20.000 Mk. Geschäftseinlage verschaffen sollte. Als Höfer nun einen Sozius – Hockemeier – fand, wurde der Vertrag mit Barthel dahingehend geändert, daß 20.000 Mk. aus der Sparkasse gezahlt und als Geschäftsdarlehen bezeichnet wurden (!). Diese Summe entnahm Barthel der Kasse, ohne sie zu buchen. Eine Entdeckung fürchtete er nicht, wie er heute selbst sagte, da er Sparkassenvorstand war und Revisionen nur im Sommer stattfanden. Um einen Ausgleich zu schaffen für die 20.000 Mk. trug er für eine Firma Kugler in Leipzig statt der wirklich aufgenommenen 42.000 Mk. Darlehen 65.000 Mk. ein. Als sich die Firma Höfer und Hockemeier gebildet hatte, beschloß der

Gemeinderat, ihr nicht mehr als 40.000 Mk. Hypotheken-darlehen zu geben. Trotzdem gab Barthel aus Sparkassen-mitteln noch weitere 20.000 Mk., die er ebenfalls nicht buchte. Um diese Beträge wieder decken zu können, nahm Barthel bei der Allgemeinen Deutschen Kreditan-stalt 40.000 Mk. auf, trug davon 27.160 Mk. auf eine Hypothek als aus der Siebenlehner Kasse in die Bücher ein, ohne aber den Eingang der 40.000 Mk. zu buchen.

In einem anderen Falle gab Barthel dem Besitzer einer Zünderfabrik, Ostrowski, 24.000 Mk. obgleich nur 12.000 Mk. genehmigt waren. Die Zünderfabrik brannte kurz darauf ab, und das Geld war verloren. Ostrowski suchte das Weite. Bei einer unvermuteten Sparkassen-revision entdeckte man zwar die Schiebungen, wies aber den Bürgermeister nur an, die Fehlbeträge zu decken, da besondere Unregelmäßigkeiten in den Dokumenten nicht gefunden wurden (!). Dann wurde Barthel auch zum Bürgermeister wiedergewählt. Bei dieser Wiederwahl bot Barthel an, auf seinen Namen lautende Hypothekenbriefe als Sicherheit bei der Stadtkasse zu hinterlegen. Diese Hypothekenbriefe – zweimal 20.000 Mk. – rührten von Geldern her, die aus der Sparkasse entnommen, ohne zu buchen. So brachte er es fertig, der Stadt mit ihrem eige-nen Gelde Kaution zu bieten!! Als nun Barthel auf eigene Rechnung bei der Sparkasse 64.000 Mk. zu tilgen hatte, unternahm er die Hauptmanipulation! Auf dem Grund-stück des Architekten Franke in Leipzig waren von Siebenlehn 75.000 Mk. eingetragen. Ohne in den Büchern etwas zu vermerken, kündigte und entnahm er von dieser Hypothek 65.000 Mk., zedierte diese an die Leipziger Kre-ditanstalt und verwendete die restierenden 27.000 Mark, da er bei der Kreditanstalt nur 40.000 Mk. aufgenommen, um Kugler mit 27.000 Mk. zu bezahlen und die Zinsspitze von 2.000 Mk. auszugleichen. Somit war anscheinend alles gedeckt, und es standen bei Franke nur noch 10.000 Mk. Franke hatte aber nach den Siebenlehner Sparkassenbüchern für 75.000 Mk. Zinsen zu zahlen, in Wirklichkeit bezahlte er aber doch nur für 10.000 Mk. Den Zinsausfall deckte Barthel, indem er andere Gelder zu höheren Zinsen auslieh, als er in den Büchern angab. Da wurde Barthel Ende Dezember 1906 verhaftet, und als dann Franke nur für 10.000 Mk. zahlte, kam man hinter die Fälschungen. Am Tage vor seiner Verhaftung aber hatte noch Barthel das Frankesche Haus in Leipzig gekauft, damit die Fälschungen nicht ans Tageslicht kommen sollten. Eigentümlich war eine Aussage des Zeugen Stadtgemeinderat Stirl, der angab, daß der Vorsitzende der Sparkasse, also Barthel, die Revisionen selbst anordnete, also sich selbst revidierte! Er gab weiter zu, daß die Mitglieder des Sparkassenausschusses die ihnen von Barthel vorgelegten Schriftstücke stets unterschrieben, ohne sie gelesen zu haben, da sie zu ihrem Bürgermeister das größte Vertrauen hatten!! Der Angeklagte war in allen Punkten geständig. Das Gericht verurteilte ihn unter Versagung mildernder Umstände zu einer Gesamtstrafe von 6 Jahren Zuchthaus und 8 Jahren Ehrverlust.«

Der vierte Prozess wurde am 28. Oktober eröffnet. Richard Barthel wurde beschuldigt, die Feuerwehr angewiesen zu haben, so die Häuser abzubrennen, dass ihm eine bequemere Zufahrt zum Markt ermöglicht wurde. Gleichzeitig wurden weitere Falschbuchungen verhandelt. »Das Gericht erkannte auf eine Gefängnisstrafe von drei Jahren, die mit der bereits bestehenden Strafe von sieben Jahren Zuchthaus zu einer Gesamtstrafe von sieben Jahren und sechs Monaten zusammengezogen wurde. Es blieb bei der Anrechnung von fünf Monaten Untersuchungshaft und der Aberkennung der bürgerlichen Ehrenrechte auf die Dauer von acht Jahren. Barthel verließ den Gerichtssaal als gebrochener Mann. Im Zuhörerraum waren zuletzt nur neun Personen anwesend, ein Zeichen dafür, wie das Interesse der Öffentlichkeit an dem Fall Siebenlehn nachgelassen hatte.«

Wohltätig ist des Feuers Macht
Nur, wenn man selbst es angefacht,
Wohltät'ger, wenn solch' Flammenmeer
Fachmännisch schuf die Feuerwehr.
Und am wohltät'gsten, o wisst,
wenn man recht hoch versichert ist.

Vergessen hat man die Geschichte der brandlegenden Feuerwehr nie ganz, obwohl es dem Städtchen Siebenlehn wohl recht gewesen wäre. Nicht nur am Stammtisch erzählte man die Anekdoten. In den 1930ern inszenierte die Holzoper Frankenberg *Die Feuerwehr von Siebenlehn*. Einige der Puppen und Helme stellen heute die Heimatmuseen Sachsens aus.

Die Defa-Filmkomödie *Zünd an, es kommt die Feuerwehr* kam am 9. Februar 1979 in die Kinos. Die Inspiration des Drehbuchs war ganz offensichtlich, auch wenn Namen leicht geändert wurden. Und um Zeitkolorit zu geben, traten einige historische Persönlichkeiten wie König Albert und Karl May leibhaftig auf. »Eine vorerzgebirgische Kleinstadt um 1900: Mit einer Feier wird die Freiwillige Feuerwehr in Siebenthal gegründet. Ihr Hauptmann wird Franz Kaden, der sofort mit großem Eifer sportliche Ertüchtigungen zur Fitness der kleinen Gruppe durchführen lässt. Zwar ist die Freiwillige Feuerwehr hoch motiviert und besitzt moderne Technik, doch mangelt es im Dorf an Bränden. Feuerwehrmann Zetsche ist in Wirklichkeit Gastwirt; sein Gasthaus wurde über einem ehemaligen Silberstollen errichtet, der ursprünglich voll Wasser gelaufen war. Da Zetsches Frau auf einem kleinen Springbrunnen im Garten bestand, ist das Wasser mit der Zeit abgepumpt worden, sodass das Gasthaus nun einzustürzen droht. Zetsche ist brandversichert und so planen seine Freunde, das Gasthaus abzubrennen. Die Vorkehrungen sind schnell getroffen, doch wird der kleine Brand von einer fremden Feuerwehr gelöscht. Um jeglichen Verdacht von sich abzulenken und gleichzeitig die Leistungen der Feuerwehr herauszustellen, zünden die Freiwilligen während einer Festveranstaltung mit Karl May nun das Gefängnis von Siebenthal an. Da sich noch ein Silberdieb im Gefängnis befindet, den Franz Kaden heldenhaft rettet, wird die Feuerwehr nun zu einem Vorbild im Dorf. König Albert zeichnet sie mit einem Verdienstorden aus. Zetsches Wirtshaus droht indessen immer mehr, in sich zusammenzufallen. Feuerwehrmann Müller stellt sich nun jedoch konsequent gegen eine Brandstiftung, da man einen Ruf zu verteidigen habe. Nur Franz hält zu Zetsche und will am Tag seiner Hochzeit mit der bürgerlichen Marie das Gasthaus anzünden. Er ist gerade bei der Vorbereitung, als ein Kind einen Ball an das Gasthaus schießt – das Haus stürzt zusammen und begräbt Franz unter sich. Die versuchte Brandstiftung wird öffentlich und die verbliebenen Feuerwehrmänner werden verhaftet. Der König jedoch will das Fehlverhalten der Feuerwehr vertuschen. Er ordnet an, dass die Feuerwehr von Siebenthal zukünftig eine Berufsfeuerwehr sein soll und dass der totgeglaubte Franz ein Staatsbegräbnis erhält. Der jedoch hat unter den Trümmern überlebt und wird von der Prostituierten Lene gesundgepflegt. Da er inzwischen offiziell bestattet wurde, beschließt er, nach Amerika auszuwandern – mit Lene an seiner Seite.«

Regisseur und Drehbuchautor Rainer Simon ließ die Darsteller breites Sächsisch sprechen, was zumindest Muttersprachlern nicht gefiel. Viele der Schauspieler waren Stars der Republik wie Winfried Glatzeder, Michael Gwisdek, Kurt Böwe und Rolf Ludwig, aber richtig zündet der Funke nicht: »Hauptdilemma ist die fehlende Geschichte, der Faden der Erzählung ist zu dünn gesponnen, um die löblichen Absichten tragen zu können. So ruckelt sich der Film von Episödchen zu Episödchen«, meinte Kritiker Fritz Gehler, während andere eine »historisch verbürgte, inszenatorisch deftige Kriminalkomödie mit vielen Spitzen gegen deutsches Spießertum und Untertanengeist« gesehen haben.

Der Chemnitzer Autor Günter Spranger beabsichtigte ein *Pitaval des Bezirks Karl-Marx-Stadt* zu schreiben (die von Dresden und Leipzig gab es bereits im Handel), doch wurde *Der rote Sperling von Siebenlehn* zu einem historischen Kriminalroman, der bis 1989 mehrere Auflagen erlebte. Der Handlung vorangestellt ist ein Zitat aus *Meyers Konversationslexikon* von 1875:

»Crispinus, Heiliger und Märtyrer, aus einer vornehmen römischen Familie stammend, flüchtete mit seinem Bruder Crispianus nach Soissons, um den Christenverfolgungen des Kaisers Diokletian zu entgehen. Beide Brüder, die das Schuhmacherhandwerk betrieben, wurden im Jahre 287 vom Landpfleger Rictius Varus verhaftet und in einen mit geschmolzenem Blei gefüllten Kessel geworfen. Sie sind die Patrone des Schuhmacherhandwerks. Bekannt ist die Sage, daß sie das Leder stahlen, um den Armen unentgeltlich Schuhe zu machen. Wohltaten die auf Kosten anderer erwiesen werden, nennt man Crispinaden. Der Tag des heiligen Crispin ist der 25. Oktober.«

»Wir können uns nun das Dienstmädchen sparen!«

Der Fall Levy, Berlin, 1896

»Dank den Frommen im Lande ruht Sonntags der Verkehr; die Geschäfte sind geschlossen; … denn Gottesfurcht und fromme Sitte sollen keine leeren Begriffe sein; die Sonntagsheiligung gilt als probates Mittel gegen den Umsturz … Handel, Geschäft und Gewerbe ruht; eins ruht aber auch am Sonntag nicht, das ist das Verbrechen; es ruht um so weniger, je förderlicher ihm eine erzwungene und übertriebene Sonntagsruhe ist, die manche gewohnte und natürliche Lebensthätigkeit unterbricht. Was hat der Verbrecher mehr zu fürchten als die allgegenwärtige Presse, die Macht der Öffentlichkeit und die zum Schutz für Leben und Vermögen berufene Polizei? Aber es ist Sonntag und da ist der Arm der Presse gelähmt. Eine grauenvolle That ist vollbracht, mitten in dem beliebtesten Theil der Reichshauptstadt im Herzen Berlins; sie ist verübt an einem der bedeutendsten und angesehendsten Anwälte unter Umständen, die allgemeines Entsetzen erregen. Aber es ist Sonntag …«

Unrecht hat die *Vossische Zeitung* nicht mit diesem Kommentar auf Seite eins. Möglicherweise wären die Täter eher gefasst worden. Möglicherweise. Denn in der Frühe des Sonntags, den 18. Oktober 1896, ist »eine Blutthat verübt worden, deren Opfer ein in weiten Kreisen bekannter, hochgeachteter und angesehener Mann wurde. Justizrath Meyer Levy ist in seinem Schlafzimmer ermordet worden. Die beiden Thäter … sind entflohen und konnten bis heute Mittag noch nicht ermittelt werden. Nach der Auffassung der Polizei handelt es sich nicht um einen Racheakt, wie vielfach geglaubt wurde, sondern um die That von Dieben, die es auf die Beraubung des Justizraths abgesehen hatten und zum Mord schritten, weil sie in der Person des Mannes ein Hinderniß für ihre Absicht erkannten, das sie aus dem Wege zu räumen suchten. Man vermuthet, daß die Einbrecher durch eine Zeitungsmeldung, wonach dem Justizrath Levy eine Million Mark aus dem Meyerschen Nachlaß zur Vertheilung an die Erben zugegangen sei, auf die Vermuthung gekommen wären, bedeutende Beträge in der Wohnung vorzufinden. Weiter glaubt die Kriminalpolizei, daß es nicht gewohnheitsmäßige Verbrecher waren, sondern Leute, die sich für diesen besonderen Fall verbunden hatten. Man schließt dies aus der großen Ungeschicklichkeit, die bei der Ausübung des Verbrechens zu Tage trat … Die Verbrecher sind, nachdem die Hausthür morgens von einem Bäckerjungen, der die Frühstücksware abtrug und sich im Besitz des Hausschlüssels befand, geöffnet worden war, gegen sechs Uhr von der Straße hereingekommen und sind eine gewundene Treppe im Vorderhause bis zum Absatze in der halben Höhe des zweiten Sockels hinaufgestiegen … Die zwei Thäter stiegen nun vom Treppenabsatz aus durch ein großes Flurfenster auf die Seitengalerie hinaus, gingen durch die Glasthür, die nicht verschlossen war, in das Eßzimmer hinein und sahen von hier aus durch die offene Thür Levy und Frau im Bette liegen … Die beiden

Verbrecher gingen um das Bett der Frau Levy herum gleich an das des Justizrathes heran, und einer von ihnen stieß mit einem Messer sofort auf diesen los und verwundete ihn durch Stiche im Genick, am Kopfe und an der Brust ohne ihn gleich anfangs tödlich zu treffen. Der alte Herr fuhr in die Höhe und das Geräusch, das dabei entstand, weckte auch seine Frau. Diese sprang, während fast zu gleicher Zeit auch der Mann aus seinem Bette halb herausfiel und halb heraussstieg, auf und eilte um Hilfe schreiend an dem Bette des Mannes vorbei nach dem Zimmer zu, in dem das Dienstmädchen schlief. Dabei erhielt sie von dem einen Mordgesellen zwei Messerstiche in Schulter und Hand, die glücklicher Weise nicht bedeutend sind. Justizrath Levy schleppte sich seiner Frau nach zu dem Schlafzimmer des Dienstmädchens und brach hier zusammen. Das Mädchen, das unterdessen wach geworden war und sich halb angekleidet hatte, brachte den alten Herrn in das Schlafzimmer zurück und legte ihn in das Bett seiner Frau, weil sein eigenes mit Blut über und über besudelt war. Dann eilte es auf die Straße den Mördern nach, die das Weite gesucht hatten …

Mit welcher Frechheit die Mörder vorgegangen sind, geht daraus hervor, daß sie, während die Überfallenen laut um Hilfe schrien, in einem dritten Zimmer noch alles durchsuchten. Eine Frau, die im dritten Stock des Hauses wohnt und von den Hilferufen erschreckt hinauseilte, sah einen der Verbrecher auf der Galerie stehen. Sie rief ihn an: ›Herrjeh, was ist denn bloß los, brennt's denn?‹ worauf dieser ganz harmlos antwortete: ›Na gewiß ist was los!‹ Hierauf nahm er seinen Überzieher, der über der Galerie hing und entfernte sich ohne große Eile. Auffallend erscheint es, daß eine Menge von Personen die Thäter am hellen Tage flüchtend gesehen haben wollen und daß diese dennoch bis jetzt noch nicht gefaßt worden sind …

In einer polizeilichen Bekanntmachung, die erst heute früh an den Säulen erschienen ist, werden die Verbrecher wie folgt geschildert.: 1) untersetzt, 1,65 Ztm., ca. 25 Jahre, Anflug von Schnurrbart; schwarzensteifen Hut; 2) etwa 20 Jahre, weicher schwarzer Hut, Anflug von Schnurrbart … Die Kleidung des einen muß mit Blut besudelt sein. Von der Familie sind 500 Mk. für die Ergreifung der Mörder ausgesetzt worden. Im Laufe des gestrigen Tages und in der verflossenen Nacht sind viele Sistierungen vorgenommen worden, indeß befanden sich die Verbrecher nicht unter den vorgeführten Personen. Zunächst wird von der Kriminalpolizei auf einen ehemaligen Büreaugehilfen des Justizraths Levy gefahndet, der um letzte Weihnachten herum wegen Diebstahls entlassen wurde. Die Entlassung ist damals durch den Büreauvorsteher Levys erfolgt. Besonders gravierend für den Gesuchten ist es, daß dieser angeblich einmal dabei ertappt worden ist, wie er auf demselben Wege, den jetzt die Verbrecher genommen haben, vom Flurfenster aus über die Galerie in die Levysche Wohnung eingedrungen ist. Der Bursche ist in seiner Wohnung nicht angetroffen worden; es es hat sich herausgestellt, daß er sich bereits seit vier Tagen dort nicht gezeigt hat.«

Das Mordopfer war in der Reichshauptstadt kein Unbekannter. »Justizrath Meyer Levy hatte im Berliner Anwaltsstande eine führende Stellung. Er wirkte seit dem Jahre 1872 in Berlin als Rechtsanwalt und Notar und war erst an den Gerichten der unteren Instanzen, später bis zu seinem Lebensende beim Kammergericht thätig. Bevor er nach Berlin übersiedelte war er Rechtsanwalt in Fraustadt, Provinz Posen, seiner Heimathsprovinz, wo er am 17. Januar 1833 zu Wollstein geboren war. Im Jahre 1853 trat er als Auskultator in den Justizdienst. Mit seiner Gattin, geborene Hirschberg, lebte er in der glücklichsten Ehe, der sechs Kinder entsproßten, drei Söhne und drei Töchter. Von den Söhnen ist der älteste Assessor, der zweite Referendar und der dritte Student der Medizin, während die Töchter an Rechtsanwälte vermählt sind. … Seine Amtsgenossen wählten den, durch außerordentliches Wissen ausgezeichneten Mann in den Vorstand der Anwaltskammer und als Vorsitzender des Anwaltvereins begrüßte Justizrath Levy noch vor wenigen Wochen den deutschen Anwaltstag in Berlin. Auch als juristischer Schriftsteller war Justizrath Levy hochgeschätzt. Sein Kommentar zur Zivilprozeßordnung gehört zum Handwerkszeug jedes Juristen. In der letzten Zeit beabsichtigte er auch einen Kommentar zum bürgerlichen Gesetzbuch zu schreiben, an dessen Entstehen er den lebhaftigsten Antheil genommen hatte.«

Dienstag glaubt sich die Kriminalpolizei »auf der richtigen Spur … Es handelt sich dabei um die Person des schon erwähnten jugendlichen Schreibers, der vor einiger Zeit aus dem Levyschen Büreau entlassen wurde und seit einigen Tagen sich aus der Wohnung seiner Mutter entfernt hat … Der Verdacht, bei der Ermordung des Justizraths Levy betheiligt zu sein, lenkt sich auf den früheren Schreiber Bruno Werner, am 16. Februar 1880 in Berlin geboren … Werner war zwei Jahre lang im Büreau des Ermordeten beschäftigt und wurde nach Weihnachten

1895 wegen kleinerer Veruntreuungen entlassen; ihm
waren die Wohnungsverhältnisse sowie die Gewohnheiten des Levyschen Ehepaares genau bekannt; er war auch
vetraut mit dem nicht ungefährlichen Wege, den die Mörder am 18. d.M. morgens genommen haben. Denn es ist
festgestellt, daß er wiederholt vom Flurfenster aus in die
Levysche Wohnung über die am Speisezimmer und den
hinteren Wohnungsräumen vorbeiführende Hofgalerie
geklettert ist. Nach der Art und Weise, wie die That ausgeführt wurde, muß angenommen werden, daß es die
Thäter auf die Geldschrankschlüssel abgesehen hatten.
Werner wußte genau, daß diese der Ermordete stets bei
sich führte und sie nachts entweder in der Beinkleidtasche
oder im Nachttischchen verwahrte. Werner war von
Januar bis Mai d.J. Schreiber beim Rechtsanwalt Golde
und ist wegen dort verübter Veruntreuungen entlassen
worden. In der Nacht vom 9. Zum 10. d.M. ist in der Wohnung des Golde ein Einbruch ausgeführt, wobei der Thäter ebenso wie bei Levy über die am Seitenflügel entlang
führende Galerie in die Wohnung gedrungen ist. Werner
war dann in den Nagloschen Werken und in einem
Drogengeschäfte beschäftigt. Diese Stellung hat er plötzlich aufgegeben unter der Vorgabe, Stellung bei den
Elektrizitätswerken gefunden zu haben. Seit dem 16. d.M.
ist er in die Wohnung seiner Mutter nicht gekommen ...«
In einer Fotografie des Werner glaubt ein Zeuge einen der
flüchtenden Burschen wiederzuerkennen.

Mittwoch: »Die Kriminalpolizei hat ... einen der Mörder des Justizraths Levy ergriffen. Es ist der 17jährige
Schlosserlehrling Wilhelm Grosse. Er ist geständig und
bezeichnet als Anstifter und Mitthäter den gestern Abend

noch nicht ergriffenen früheren Schreiber Levys Bruno
Werner ... Grosse trägt die linke Hand, die er sich bei der
Mordthat verletzt hat, in einem Verbande. Auf Grosse
wurde der Verdacht durch den Arzt, bei dem er sich am
Sonntag früh hatte verbinden lassen, gelenkt. Die Krimi-
nalkommissarien Braun und Klatt begaben sich Montag
Nachmittag nach dem Hause Georgenkirchstraße 53,
wo Grosse bei seiner Mutter, der Witwe E. Grosse wohnt.
Eben dort wohnt der der Anstiftung und Mitthäterschaft
bezichtete frühere Schreiber des Justizraths Levy Bruno
Werner. Wilhelm Grosse hat zugestanden, der Frau Levy
zwei Messerstiche beigebracht zu haben; er hat sich dabei
selbst an der Hand verletzt. Der Arzt einer Sanitätswache,
wo er sich später die Hand verbinden ließ, machte von
dem, was er gesehen hatte, dem Bruder des Grosse brief-
lich Mittheilung. In der nun als richtig erwiesenen Vermuthung, daß der Verletzte bei der Ermordung des
Justizrathes Levy betheiligt sein könnte, ging der ältere
Grosse ... gestern Nachmittag um 1 Uhr mit dem Briefe
des Arztes zum Polizeipräsidium am Alexanderplatz. Auf
Grund des Briefes machten sich Beamte auf die Suche, bis
es ihnen gelang, den Verfolgten im Grunewald zu fassen.
Der Festgenommene hatte seit mehreren Tagen nichts
genossen, da er ganz mittellos war; er sieht daher sehr
elend aus ... Die Verhaftung des Werner glaubt man nun
ebenfalls bald bewirken zu können.«

»Die Angaben, die der festgenommene Buchdrucker-
lehrling Willy Grosse über den Hergang bei der Ermordung des Justizraths Levy gemacht hat, scheinen durchweg auf Wahrheit zu beruhen und bestätigen bis aufs
Einzelne die Kombinationen der Kriminalpolizei. Die

That sollte schon am Morgen des 17. Oktober ausgeführt werden und zwar in der Art, daß Werner und Grosse an der Vorderthür klingeln, das öffnende Dienstmädchen mit dem Dolchmesser niederstoßen, dann die Levyschen Eheleute ermorden und den Geldschrank, dessen Schlüssel zu finden sich Werner anheischig gemacht hatte, ausrauben wollten. Dieser Plan mißlang, weil das Dienstmädchen die Vorderthür nicht öffnete und den Burschen zurief, sie möchten die Kiste Papier, die sie angeblich an den Justizrath abliefern wollten, zu einer geeigneten Tageszeit bringen. Werner machte nun den Vorschlag, den Plan am folgenden Morgen, dem Sonntag, auszuführen und die Levysche Wohnung auf dem ihm bekannten Wege durch das Flurfenster und die Hofgalerie einzudringen. Bis zur Öffnung der Hausthür durch den Bäckerjungen haben sich Werner und Grosse nach Angabe des Grosse auf der Straße umhergetrieben … Nachdem Werner und Grosse aus dem Speisezimmer durch die offenstehende Thür in das Schlafzimmer eingedrungen waren, haben sie sich mit erhobenen Dolchmessern auf das Ehepaar gestürzt und zwar Werner auf auf den Justizrath und Grosse auf die Justizräthin. Da diese sich etwas aufgerichtet hatte, suchte Grosse sie mit der linken Hand niederzudrücken, während er mit der rechten Hand auf sie losstach. Dabei hat er sich die linke Hand durchstochen. Hierdurch erklären sich die starken Blutspuren und Blutspritzer, die auf der Galerie, am Flurfenster und im Treppenflur bemerkt worden sind. Nachdem die Hilferufe der Frau die Mörder zur Flucht bestimmt hatten, ist der eine in der Richtung nach dem Gendarmenmarkt, der andere nach dem Wilhelmsplatz zu gelaufen … Dann haben sie sich beide an einem verabredeten Punkte im Thiergarten getroffen und sind nach dem Grunewald gegangen, wo sie auch zwei Nächte zugebracht haben. Sie hatten noch einige Pfennige bei sich und haben sich dafür Nahrung in Spandau gekauft. Am Mittag des 20. Oktober hat sich Grosse von seinem Mitschuldigen getrennt und ist nach der Wohnung seiner Mutter zurückgekehrt. Zwar erzählte er, daß er sich seine Hand an einer Glasscheibe verletzt habe, dies wurde ihm indeß von seinen Angehörigen nicht geglaubt. Bei der Kriminalpolizei war inzwischen ein Schreiben des Arztes, der den Grosse auf der Sanitätswache verbunden hatte, eingegangen. Der Arzt hatte in den Zeitungen gelesen, daß einer der Mörder stark mit Blut besudelt sein müsse und hatte deshalb geglaubt, den Grosse mit dem Morde in Verbindung bringen zu können. Da Grosse in demselben Hause wie der von der Polizei schon am 18. Oktober verdächtigte und gesuchte Werner wohnt, so lag es nah, in ihm einen Genossen der That zu suchen und zu finden … Werner treibt sich anscheinend noch im Grunewald umher und wird eifrig nach ihm gesucht.«

Die Fahndung läuft. Bruno Werners Steckbrief hängt an Litfasssäulen, ist in den Zeitungen gedruckt. »Beschreibung: Alter: 16 Jahre, Statur: schlank, Größe: 1,60 Mtr., Haare: blond, kurzgeschoren, Stirn: frei, Augenbrauen: blond, Augen: blau, Nase: gewöhnlich, Mund: gewöhnlich, Zähne: vollständig, Kinn: rund, Gesicht: oval, Gesichtsfarbe: gesund, Sprache: deutsch, Kleidung: dunkles Jackett mit Klappkragen, eine Reihe Knöpfe und in der Taille durch eine im Innern angebrachte Schnur zusammengehalten, graue Hose, schwarzer Hut. Besondere Kennzeichen: er hat auf dem Kopfe in der Nähe des Scheitels einen helleren Haarbüschel.« Die Stadt nimmt Anteil, sucht den Mörder. »Im Laufe des gestrigen Tages sind wieder allerlei Gerüchte aufgetaucht, die von einer Festnahme Werners wissen wollten. Er war aber bis gestern Abend noch nicht ergriffen. Seine Mutter hat jetzt der Polizei erklärt, daß Bruno am Sonntag sofort nach der That nach Hause geeilt sei und dort mit seiner Mutter gesprochen habe … Seitdem will Frau Werner von dem Verbleib ihres Sohnes keine Kenntniß haben. Grosse hat, während er im Polizeipräsidium in Haft war, seinen Lebenslauf verfaßt. Der Stil seiner Ausarbeitung ist ungelenk, und auch mit der Rechtschreibung befindet sich der Verfasser auf Kriegsfuß, dagegen überraschte seine Handschrift, die sich recht hübsch und flott ausnimmt. Die Aufregung über den Levyschen Mord hat weite Kreise erfaßt. Wo irgendjemand verhaftet wird, der eine entfernte Aehnlichkeit mit den Thätern zu haben scheint, verbreitet sich mit Blitzesschnelle das Gerücht ›der Mörder Werner ist gefaßt‹ und gleich sind Hunderte von Menschen zu Stelle. Gestern Abend transportirte die Polizei durch die Königstraße einen jungen Menschen, und sofort waren alle Passanten angesichts der großen Menschenmenge ohne weiteres des Glaubens: Das ist der Mörder. Ein jeder wollte den Mörder sehen und folgte bis zum Polizeipräsidium, so daß die Polizei genöthigt war, die Menschenmenge zu zerstreuen … Die Mutter des Werner hat sich in ihr unglückseliges Geschick ergeben. Sie hat zu einem Berichterstatter geäußert: ›Greifen Sie ihn, greifen Sie ihn doch nur, mehr will ich ja nicht! Alle Welt soll der Polizei suchen helfen! Ich habe ihn zu nichts Schlechtem erzogen, sondern nur zum Guten. Die Vormünde sollten sich mehr um ihre Mündel bekümmern.«« Letztlich werden über 40 junge Männer verhaftet. Mancher wird als Täter anderer Delikte überführt. Doch Bruno Werner bleibt verschwunden. Am 29. Oktober endlich die Eilmeldung: »Bei verschiedenen eingegangenen Nachrichten soll der Mörder des Justizrathes Levy, Bruno Werner, in Zellerfeld a. Herz verhaftet worden sein!«

»Werner war am Spätnachmittage des Mittwochs in Gesellschaft von drei Handwerksburschen auf der Osteroder Chaussee nach Klausthal gekommen. Auf der Osteroder Straße hat die Gesellschaft sich nach der Verpflegungsstation des Ortes erkundigt und ist nach Zellerfeld, das mit Klausthal dicht zusammenliegt, gewiesen worden … Am Donnerstagvormittag hat der Mörder in Gemeinschaft mit anderen Pfleglingen und Kämmereiarbeitern auf den Straßen Zellerfelds, um seine Kost zu verdienen, Laub zusammengeharkt und ist aus der Goslarschen Straße den Anwohnern und Passanten durch sein knabenhaftes Aussehen aufgefallen; doch hat niemand den Mörder in ihm vermuthet. Dem Gendarmen Wickert fiel er zunächst durch seine ängstliche Zurückhaltung auf, dann wurde er an dem hellen Fleck erkannt, den Werner im Kopfhaar hat … Als er von Wickert herausgerufen und befragt wurde, erklärte er sofort: ›Ja, ich bin's, Werner.‹ Der Verhaftete weint fortwährend. Die Vernehmung durch den Amtsrichter ist noch im Gange. Wie nachts ausgegebene Extrablätter wissen wollen, hat Werner dem Gendarmen gegenüber angegeben, daß nicht er, sondern Grosse den Justizrath ermordet hat; er habe die Frau Levy gestochen … Nach seiner Verhaftung erzählte Werner selber, auf der Reise habe er ›gar keine Schereien‹ gehabt, überall sei er von Verpflegungsstationen aufgenommen worden. In Wernigerode habe er sich sogar bei der Polizei als obdachlos gemeldet und habe von ihr Nachtquartier angewiesen erhalten. Auffällig bleibt bei der Frechheit des jungen Burschen, sich auf den Verpflegungsstationen und sogar bei der Polizei als obdachlos vorzustellen, daß der Mörder seine Reise so weit hat ausdehnen können. So schlau wie der Zellerfelder Gendarm hätten am Ende noch andere Polizisten sein können, um so mehr, als die gesamte Polizeimacht durch den Steckbrief mobil gemacht war.«

Tags später wird Bruno Werner überstellt. »Von der Kriminalpolizei war, um große Menschenansammlungen zu vermeiden, die Ankunftszeit des Mörders geheim gehalten worden. So kam es, daß auf dem Bahnhofe sich nur wenige Besucher eingefunden hatten. Pünktlich um 9 Uhr 23 Minuten fuhr der Schnellzug ein; in der Mitte des Zuges befand sich ein Waggon dritter Klasse, dessen Nichtraucherabtheil zur Beförderung des jugendlichen Verbrechers gedient hatte. Sobald der Zug stand, beugte sich der Kriminalwachtmeister aus dem Abtheil und hinter der Gestalt des Beamten wurde der Mörder sichtbar. Im Nu hatte sich ein Menschenknäuel um das Kupee gedrängt. der Kriminalwachtmeister entstieg dem Wagen und nun erblickte das Publikum den Verbrecher, der, als er die Menge gewahrte, zurückprallte und den Wagen gar nicht verlassen wollte. Werner war ungefesselt. Das Gesicht des jugendlichen Mörders war todtenblaß, er trug den chokoladenfarbenen Ueberzieher und den schwarzen

Filzhut. Im Publikum wurden entrüstete Rufe beim Anblick des Mörders laut: ›Mörder‹, ›Schuft‹, ›schlagt den Hund todt‹. Die Kriminalbeamten bildeten eine Kette, und scheuen, gesenkten Blickes schritt Werner geleitet von einem Kriminalkommissar und einem Polizeiwachtmeister durch eine Seitenthür des Bahnsteiges, die zu dem Droschkenplatz führt. In einer Droschke wurde Werner sodann nach dem Polizeipräsidium gebracht, wo er übernachten sollte, nachdem er ein kurzes Verhör zu bestehen hatte … Werner blieb bei seinen Aussagen, daß nicht er, sondern Grosse die tödtlichen Stiche dem Justizrath Levy beigebracht habe … Der Polizei erscheinen die Angaben des Werner, die in ihren Einzelheiten sehr genau sein sollen, glaubwürdiger als die des Grosse, der sich auf vieles nicht mehr will besinnen können.«

Kaum einen Monat später: der Prozess. Zwei Nachbarsjungen, 16, werden angeklagt. »Die beiden Mörder des Justizraths Levy, der am 16. Februar 1880 geborene Arbeitsbursche Bruno Werner und der am 6. Juli 1880 geborene Laufbursche Willy Max Grosse, standen heute vor der neunten Strafkammer hiesigen Landgerichts I. Ihr jugendliches Alter macht es unmöglich, daß sie die ganze Schwere des Gesetzes trifft, und ist die Ursache, daß die Verhandlung nicht vor dem Schwurgericht, sondern vor der Strafkammer stattfindet. Die Anklage umfaßt nicht weniger als sieben Punkte, denn den jungen Verbechern fallen außer dem Kapitalverbrechen noch mehrere Diebstähle zur Last.

Präs.: Haben Sie die Schule alle Klassen hindurch besucht?
Werner: Ich kam bis zur ersten Klasse.

Präs.: Was wurde aus Ihnen nach Ihrer Einsegnung?

Werner: Ich kam als Schreiberlehrling zum Justizrath Levy.

Präs.: Wie lange blieben Sie dort?

Werner: Bis Anfang 1896.

Präs.: Warum kamen Sie dort fort?

Werner: Weil ich Gummischuhe gestohlen hatte.

Präs.: Wo fanden Sie dann Stellung?

Werner: Beim Rechtsanwalt Golde.

Präs.: Wie lange blieben Sie dort?

Werner: Bis Mai dieses Jahres.

Präs.: Wurden Sie dann entlassen?

Werner: Nein, ich ging.

Präs.: Warum?

Werner: Ich verdiente nur 30 Mk. monatlich.

Präs.: Mußten Sie das Geld Ihrer Mutter abgeben?

Werner: Jawohl, alles, ich behielt gar nichts für mich.

Präs.: Sie wurden nun Laufbursche in verschiedenen Geschäften, bis Sie anfangs September außer Stellung kamen?

Werner: Ja.

Präs.: Angeklagter Grosse, Sie sind der Sohn eines Postschaffners?

Grosse: Ja.

Präs.: Wann starb Ihr Vater?

Grosse: Als ich 10 Jahre alt war.

Präs.: Haben Sie einen schlechten Gang?

Grosse: Ja, ich hatte als Kind die englische Krankheit.

Präs.: Sie kamen ebenso wie Werner nach Ihrer Einsegnung zu einem Rechtsanwalt?

Grosse: Ja.

Präs.: Sie nahmen gelich ihm dann Stellung als Laufbursche?

Grosse: Jawohl.

Als Bruno Werner bei den Gebr. Naglo in der Anstellung beschäftigt war, führte er in Gemeinschaft mit Grosse am 9. August einen Diebstahl in folgender Weise aus: Die automatischen Kassetten der elektrischen Rundbahn wurden abends nach des Betriebes von dazu angestellten Knaben nach einer Zentralstelle und von dort nach der Fabrik gebracht. Dem Werner, der sich zum Mittransport erboten hatte, gelang es, eine der Kassetten verschwinden zu lassen und dem Grosse zuzustecken, der sich mit ihr entfernte. Der Inhalt im Betrage von etwa 100 Mk. wurde nach Gewicht geteilt. Hierauf faßte Werner den Plan, den Rechtsanwalt Golde, bei dem er früher beschäftigt war, zu bestehlen. Er wußte, daß dort die Haus- und Wohnungsschlüssel auf dem Telephonkasten zu liegen pflegten und der Büreauvorsteher die Einnahmen nur einmal wöchentlich, und zwar des Sonnabends, an die Frau Rechtsanwalt Golde, abzuliefern pflegte. Darauf baute er seinen Plan. Grosse sollte die Schlüssel stehlen und Werner wollte dann mit deren Hilfe sich der Kasse bemächtigen. Am 1. Oktober klingelte Grosse an der Wohnung des Rechtsanwaltes Golde und bat das ihm öffnende Dienstmädchen um die Erlaubniß, das Telephon benutzen zu dürfen. Dies wurde gestattet, Grosse simulirte ein telephonisches Gespräch und entwendete dabei die Schlüssel. Als die Frau Golde hinzukam, entfernte er sich schnell und übergab die Schlüssel dem wartenden Werner. Der Schlüsseldiebstahl war aber bemerkt worden, und die Frau Rechtsanwalt ließ noch an demselben Tage die sämmtlichen Schlösser ändern. Beide Angeklagten begaben sich in der Zeit vom 1. bis 9. Oktober zweimal zu der Goldeschen Wohnung; das erste Mal mußten sie unverrichteter Sache abziehen, weil die Wohnung bis spät erleuchtet war, das zweite Mal brach bei den Versuchen, die Hausthür zu öffnen, der Bart des gestohlenen Schlüssels ab. Am Sonnabend, 10. Oktober, schlich sich Werner in aller Frühe allein auf den Hof des Goldeschen Hauses, um allein den Diebstahl auszuführen. Unter dem Vorgeben, er sei Glaser und solle die Fenster der Goldeschen Wohnung verkitten, bat er einen Stallmann um eine Leiter. Er erhielt diese auch und gelangte so auf die an der Wohnung entlang führende Galerie und von dort in das Büreau. Hier erbrach er den Tischkasten des Büreauvorstehers, es fielen ihm jedoch nur 2,60 Mark baares Geld und für 1 Mk. Packetfahrtmarken zur Beute.

Nach diesem Mißerfolge reifte in den beiden Burschen der entsetzliche Plan, einen Diebstahl bei dem Justizrathe Levy, Mohrenstraße 53, auszuführen und die Levyschen Eheleute zu tödten. Werner wußte, daß der Justizrath sein Geld in einem eisernen Geldschranke verwahrte und die Schlüssel dazu bei Tage bei sich trug und nachts in nächster Nähe seines Lagers aufbewahrte. Die Schlüssel waren also nur zu erlangen, wenn dem Justizrathe Gewalt angethan wurde. Am 14. Oktober legten beide Angeklagten ihre Arbeit nieder. Werner erhielt 6 Mk. Lohn und besaß außerdem noch 1,50 Mk. Von diesem Gelde kauften sie für 5 Mk. zwei gleiche schwedische Dolchmessern ... Am Abend des 15. Oktober wurde schon die

Oertlichkeit ausgekundschaftet, die Ausführung der That wurde aber vereitelt, ebenso am 17. Oktober. Als sie an diesem Tage an der Levyschen Wohnung klingelten, hörten sie das Geräusch von zuklappenden Thüren, sie verloren deshalb den Muth und gingen hinab, um von der Hintertreppe einzudringen. Beim Passiren des Hofes bemerkten sie auf der Galerie, die an der Levyschen Wohnung entlang führt, drei Personen. Sie geben deshalb den Plan für diesen Tag auf und antworteten auf die an sie gerichtete Frage nach ihrem Begehr: sie brächten Papier, wollten aber des Trinkgelds wegen wiederkommen, wenn der Justizrath da wäre. Am 18. Oktober sind sie dann in aller Frühe durch das Flurfenster über die Galerie in das Schlafzimmer des Levyschen Ehepaares eingedrungen und haben kalten Blutes die furchtbare That begangen, deren Opfer der Justizrath wurde …

Präs.: Wir kommen nun zu dem Hauptpunkt der Anklage, der Ermordung des Justizraths Levy. Wie sind Sie zu diesem furchtbaren Plan gekommen?

Werner: Weil wir doch bei Golde nicht recht etwas gefunden hatten, wollten wir bei dem Justizrath Levy einen Diebstahl ausführen.

Präs.: Wer ist zuerst auf den Gedanken gekommen? Doch wohl Sie, Werner, denn Sie wußten mit den Verhältnissen bescheid.

Werner: Ich habe blos mal leichthin davon gesprochen, durch vieles Hin- und Herreden ist es dann wirklich dahin gekommen.

Präs.: Grosse, Sie waren damit einverstanden?

Grosse: Jawohl, ich habe mich dazu bereit erklärt.

Präs.: Angekl. Werner, Sie haben früher einmal gesagt, daß Grosse Geld unterschlagen habe und dieses ersetzen mußte. Haben Sie daraus den verbrecherischen Plan gefaßt?

Werner: Das hat den Plan beschleunigt.

Präs.: Sie haben früher behauptet, daß Sie einmal zusammen die Mohrenstraße entlanggingen, den Plan bei dem Justizrath Levy zu stehlen, in Ihnen gereift ist.

Werner: Das ist richtig.

Präs.: Wie wollten Sie denn den Diebstahl ausführen?

Werner: So wie er ausgeführt ist, durch Klettern auf die Galerie.

Präs.: Sie haben früher einmal angegeben, daß der Plan zunächst dahin gegangen sei, an der Wohnung des Justizrathes Levy zu klingeln, das Mädchen niederzustechen und den Diebstahl auszuführen. Sie wußten, wo der Justizrath sein Geld bewahrte?

Werner: Ich vermuthete es wenigstens.

Präs.: Sie behaupten, daß Sie zunächst nicht die Absicht hatten, zu morden, sondern Ihr Plan ging ursprünglich dahin, die Frau Justizräthin zu knebeln, Sie haben sich sogar für 5 Pf. Bindfaden dazu gekauft.

Werner: Ja.

Präs.: Sie vermutheten, daß im Bette rechts der Justizrath Levy und im Bette links die Frau Justizräthin schliefe.

Werner: Ja.

Präs.: Tatsächlich aber war es umgekehrt. Sie Werner sollten als der Schwächere sich auf den schwächlichen Mann, Sie Grosse, als der Stärkere, sich auf die kräftigere Frau werfen.

Werner: Ja.

Präs.: Ursprünglich war die That auf den 16. Oktober geplant. Sie hatten sich Dolche gekauft und Sie, Werner, hatten das letzte Geld, was Sie besaßen, dazu verwendet?

Werner: Ja …

Präs.: Nun, Werner, erzälen Sie, was Sie thaten, als Sie die Thür geöffnet hatten?

Werner: Eine Stimme fragte: ›Wer ist da?‹

Präs.: War es die Stimme des Justizrathes oder seiner Frau?

Werner: Es war die Stimme der Frau.

Präs.: Lag sie in dem Bette rechts oder links?

Werner: Ich hatte geglaubt, daß der Herr Justizrath im Bette rechts lag, aber ich sah, daß wir uns geirrt hatten, im Bette rechts lag die Frau Justizräthin. Ich stürzte sofort mit erhobenem Messer auf sie los und stieß gegen sie. Wohin ich traf, weiß ich nicht. Sie sank ins Bett zurück, ich stieß noch mehrere Male nach ihr, dann ergriff ich die Flucht, weil sie um Hilfe rief.

Präs.: Was machte nun Grosse in dieser Zeit?

Werner: Das habe ich nicht gesehen.

Präs.: Dem Richter in Zellerfeld gegenüber haben Sie sich aber viel bestimmter ausgedrückt. Sie haben damals gesagt, daß Sie gesehen hätten, wie Grosse auf den Justizrath eingestochen habe.

Werner: Nein, so bestimmt habe ich mich nicht ausgedrückt, ich habe nur gesagt, daß ich annehmen müsse, Grosse habe auf den Justizrath eingestochen, während ich mit der Frau zu thun hatte.

Präs.: Haben Sie den Herrn Justizrat denn nicht auch gestochen?

Werner: Nein, vorsätzlich nicht.

Präs.: Ja, was soll das heißen?

Werner: Als ich den ersten Stich gegen die Frau Justiz-rath geführt hatte, rief sie nun Hilfe, worauf der Justizrath von seinem Bette sich nach dem Bette seiner Frau hin-überbeugte, um ihr zu Hilfe zu kommen. Es kann sein, daß er dabei in die Nähe ihres Kopfes oder ihres Oberkör-pers gekommen ist und dabei ist es denn auch möglich, daß einige Stiche, die ich gegen die Frau richtete, den Mann trafen.

Präs.: Nun kommen wir zu Ihrer Thätigkeit, Angeklag-ter Grosse. Was thaten Sie, als die Frage ›Wer ist da?‹ aus dem Schlafzimmer ertönte?

Grosse: Wie verabredet war, sollte ich in das linke Bett stechen, in dem wir die Frau Justizräthin vermuteten. Ich stürzte in der Dunkelheit darauf zu, ich weiß aber nicht, ob ich den Herrn Justizrath gestochen habe, ich bin der Meinung, daß ich auf die Frau Justizräthin einstach. In der Aufregung mag es geschehen sein, aber ich weiß es nicht.

Präs.: Sie sind augenscheinlich bestrebt, die tödtlichen Stiche, die dem Justizrath zugefügt sind, einer dem ande-ren in die Schuhe zu schieben, aber ich kann Ihnen sagen, daß es für die Strafabmessung ganz gleichgültig ist. Sie haben beide gemeinschaftlich gehandelt, Sie mußten und wollten geplanter Weise das Ehepaar ermorden, um in den Besitz der Schlüssel zu gelangen um dann den Dieb-stahl ausführen zu können. Werner, sehen Sie dies ein?

Werner: Ja.

Präs.: Und Sie, Grosse, wollen Sie nicht lieber einräu-men, daß Sie bewußter Weise die Stiche gegen den Herrn Justizrath führten?

Grosse: Ich muß dabei bleiben, daß ich glaubte, die Frau Justizrath vor mir zu haben, ich meine, nur auf die Frau Justizrath eingestochen zu haben.

Präs.: Hatten Sie nicht früher den Plan, sich bei der That mit Schußwaffen zu versehen?

Werner: Ja, aber wir wollten sie nur zu unsrer Vertheidigung benutzen. Erst wollten wir das Dienstmädchen, das uns öffnen sollte, niederstoßen, aber dann kamen wir zu der Ansicht, das wir uns den Mord des Dienstmädchens ›sparen‹ konnten. Wir nahmen dann den Weg durch das Fenster und über die Galerie und flohen auf demselben Wege.

Rechtsanwalt Hofstädt: Bezüglich der Vorgänge nach der That möchte ich gern wissen, ob es richtig ist, daß Werner die Frechheit gehabt hat, vor seiner ersten Flucht noch einmal zurückzukehren und das vor der Thür des Hauses Mohrenstraße 53 stehende, Hilfe schreiende Dienstmädchen zu fragen, was denn eigentlich los sei.

Dies wird durch Befragen des Werner bestätigt.

Rechtsanwalt Hofstädt: Schließlich möchte ich noch fragen, ob es richtig ist, daß er durch seine Thätigkeit bei Rechtsanwälten ganz genau darüber unterrichtet war, daß beide Angeklagte in Folge ihrer Jugend nicht zum Tode verurteilt werden können. Er soll erst nach der That den Grosse in dieser Beziehung unterrichtet haben.

Präs.: Werner, Sie haben doch ganz genau gewußt, daß Sie bei der Verübung eines Mordes nicht vor die Geschworenen gestellt und nicht zum Tode verurtheilt werden können.

Werner: Das war mir bekannt, aber Grosse wußte es auch ganz genau.

Grosse: Das ist nicht wahr.

Werner: Gewiß. Grosse sagte mir: Geköpft werden wir nicht. Wir sind in jugendlichem Alter und da wird es heißen, es giebt mildernde Umstände und höchstens fünfzehn Jahre Gefängnis.

Grosse: Das ist nicht wahr.

Präs.: Werner, Sie haben einmal in der Voruntersuchung ausgesagt, daß Sie den Mord nicht ausgeführt haben würden, wenn für Sie Todesstrafe darauf stand.

Werner: Das lasse ich dahingestellt …

Präs.: Hören Sie, Werner, Sie waren doch nicht in Noth, Sie verdienten Ihr Brod, was können Sie zu Ihrer Entschuldigung angeben?

Werner: Grosse war immer in Geldverlegenheit. Er brauchte immer Geld und ich mußte es anschaffen. Dadurch bin ich zu der That gekommen.

Grosse: Ich habe niemals Werner gedrängt, mir Geld anzuschaffen, wenigstens nicht so, daß er zu dieser That hätte bestimmt werden können …

Die Beweisaufnahme ist beendet und Staatsanwalt nimmt das Wort zu folgenden Ausführungen: ›Es ist eine ganz außerordentliche That, die heute dem Urtheile des Gerichtshofes unterbreitet worden ist. So kurz die Verhandlung gewesen ist, so hat sie doch ein Bild außerordentlicher sittlicher Verkommenheit zweier kaum dem Knabenalter entwachsenen Burschen entrollt. Es ist ein trostloses Bild, zu sehen, wie zwei Leute in diesem jugendlichen Alter im Strudel der Großstadt von Fehl zu Fehl getrieben werden, lediglich aus Geldsucht, lediglich in dem Hange, auf jeden Fall sich Geld zu verschaffen. Die beiden Angeklagten sind Menschen, die nirgends bei ehrlicher und ruhiger Arbeit ausharrten, sondern immer die Erwägung mit sich herumschleppten, wo und wie sie wohl mehr verdienen könnten. Neben diesem Bild der Verwahrlosung ist es auch traurig zu sehen, wie diese halbwüchsigen Burschen kalt und gefühllos in ein glückliches Familienleben eingriffen. Die Angeklagten haben wie die Bestien gehandelt. Sie haben einer Frau ihr ganzes Glück geraubt und einen Mann hingeschlachtet, der eine Zierde seines Standes war … Die That, um die es sich heute handelt, hat in allen Kreisen die ungeheuerste Aufregung verursacht, die noch bedeutend wachsen mußte, als man sah, daß solch jugendliche Leute fähig waren, eine solche entsetzliche That kalten Blutes zu begehen. In der Oeffentlichkeit ist im Anschluß hieran die Frage erörtert worden, ob denn nun die gesetzliche Sühne der Schwere der That entspricht. Wenn man hört, daß diese jungen Burschen sich ganz klar darüber waren und diese Klarheit schon beim Ausbrüten des Planes in die Wagschale werfen, nämlich, daß ihnen höchstens 15 Jahre Gefängniß in Aussicht standen, so kann man sich in der That fragen, ob die Sühne genügt und ob solche Burschen nicht eine Strafe verdienen, die täglich und stündlich ihnen fühlbar zum Bewußtsein bringt, was es heißt, einen Menschen zu tödten … Es ist schließlich ganz gleichgültig, wer nun gerade den tödtlichen Stich gegen den Justizrath geführt hat, es ist ganz gleichgültig, daß nun keiner der Thäter sein will … Mit vollständig klarer Überlegung aller Konsequenzen haben sie den Plan ausgeführt und mit einer Zähigkeit verfolgt, die erstaunlich ist. Mit welcher Frivolität sie gehandelt, ergiebt sich daraus, daß, als sie den ersten Plan des Diebstahls aufgeben und den zweiten gefaßt hatten, Werner mit unglaublichen Zynismus sagte: ›Wir können uns nun das Dienstmädchen sparen!‹ Das ist empörend und furchtbar! Mit Rücksicht hierauf giebt es nur eine Strafe: die höchste, die das Gesetz zur Verfügung hat: Fünfzehn Jahre Gefängniß …

Der Vertheidiger sucht sodann auszuführen, daß die Angeklagten keine Berufsverbrecher seien, denn solche würden sich nicht so dumm und thöricht benommen haben, wie die Angeklagten es gethan. Mit für fünf Pfennige Bindfaden zwei erwachsene Menschen knebeln zu wollen, welche Einfalt und Dummheit! Das Verbrechen könne allerdings als ein, allerdings von den furchtbarsten Folgen begleiteter, ›Dummer Jungenstreich‹ bezeichnet werden. Der Vertheidiger meint, daß Grosse wohl derjenige gewesen sei, der unter dem Einflusse des viel gewitzteren Werner gestanden habe. Das Einzige, was man vielleicht für eine Milderung für Werner anführen könne, sei, daß er gern Indianergeschichten gelesen habe. Ueber das Strafmaß wolle er nicht sprechen, er wisse, daß er zu Richtern rede, die nicht abweichen würden von dem Grundsatz: ›Fiat justitia!‹

Das Wort wird dann dem Angeklagten Werner zu seiner Selbstvertheidigung ertheilt: Mit fester Stimme erklärt er, daß es nicht richtig sei, daß er den Grosse verführt habe. Umgekehrt sei es wahr. Große habe noch verschiedene Diebstähle und Schlechtigkeiten begangen. Schon in der Schule habe er Bücher gestohlen und sie verkauft. Er habe ihn auch zu überreden versucht, mit einer größeren Summe durchzubrennen, sobald ihm eine solche mal anvertraut werde. Der Angeklagte Grosse bezeichnete dies als Unwahrheiten. Seine Mutter habe ihn stets vor Werner gewarnt und gesagt, er solle nicht mit ihm umgehen, denn der habe nichts Gutes im Kopfe …

Nach kurzer Berathung verkündet der Vorsitzende das Urtheil des Gerichtshofes. Um wenigstens die Sühne zu erreichen, die nach dem bestehenden Gesetz möglich ist, mußte auf die zulässige Höchststrafe erkannt werden. Auf die Frage des Präsidenten, ob sie sich bei dem Urtheil beruhigen wollen, erklärt Werner mit lauter fester Stimme ›Jawohl‹. Grosse, der während der Ausführungen des Staatsanwalts wiederholt geweint hat, erklärt sich gleichfalls zum Antritt der Strafe bereit.«

»Der Mordprozeß gegen Werner und Grosse hat gestern, wie zu erwarten war, mit der Verurtheilung der beiden Angeklagten zu der höchsten zulässigen Strafe, 15 Jahren Gefängniß, geendet. Es hat dabei auf Seiten der Staatsanwaltschaft nicht an der gutgesinnten Presse her bekannten Andeutungen gefehlt, daß eine täglich und stündlich fühlbare Sühne für die beiden Verüber der abscheulichen That am Platze wäre … Wohl aber verdient die Art der Vertheidigung, die den beiden Angeklagten gewährt wurde, einige Beleuchtung. Das war ein seltsames Auftreten. Einer der Vertheidiger bezeichnete es als ein ›Unglück‹, als Rechtsbeistand für die beiden jugendlichen Mörder dienen zu müssen, beneidet den Staatsanwalt, weil dieser sich aussprechen könne, wie ihm ums Herz sei und schreitet dann zu einer Vertheidigung nicht des Angeklagten sondern des gemordeten Justizraths, der den in seinem Büreau ausgebeuteten Knaben immerhin genügend entlohnt habe, weil ihm außer dem Hungerlohn von 25 M. auch noch ein Mittagessen gereicht worden sei!

So furchtbar die Tragödie war, die gestern ihren äußerlichen Abschluß gefunden hat; hier fing ein Stich ins Gräßlich-Komische an. Nach solcher Art der Vertheidigung kann es nicht überraschen, daß beide Rechtsanwälte sich beeilten, gleich dem Staatsanwalt, die höchste Strafe zu beantragen, die überhaupt in diesem Falle zulässig ist. Da nimmt es auch nicht weiter wunder, daß keiner der beiden Advokaten auf das für die Vertheidigung so dankenswerthe Gebiet der sittlichen Gefahren einging, denen die beiden jungen Menschen im Betriebe eines Rechtsanwalts ausgesetzt waren. Wurde solches etwa corps d'esprit, aus Pietät gegen den Ermordeten vermieden? Solche Rücksichten waren doch am allerwenigsten am Platze, wo es sich um einen Krebsschaden schlimmster Art handelt, wo es nöthig gewesen wäre, die Wirkungen eines Giftes zu zeigen, das viel schlimmer war, als alle Indianerbücher zusammen genommen.

Vor kurzem war die unglückliche Mutter des Werner bei uns. Sie erzählte, wie ihr vierzehnjähriger Sohn sie in seiner Herzenseinfalt nach der Bedeutung gewisser in der Oeffentlichkeit kaum anzudeutender Worte und Ausdrücke gefragt habe, die er aus den Akten von Ehescheidungs- und ähnlichen Prozessen habe abschreiben müssen. Als er die Verlegenheit der Mutter gemerkt habe, sei er roth, feuerroth im Gesicht geworden. Später habe er nicht mehr gefragt. Der Junge mag anderweitig belehrt worden sein.

Wir wollen auf den einzelnen keinen Stein werfen, aber in der ganzen Art, wie noch im Knabenalter stehende junge Menschen von Rechtsanwälten ausgenutzt werden, liegt eine sittliche Gefahr, wie sie schlimmer kaum gedacht werden kann. Pflicht des Vertheidigers wäre es gewesen, rücksichtslos und sachgemäß alle Ursachen anzuführen, aus denen heraus ein sechzehnjähriger Knabe zum skrupellosen Verbrecher furchtbarster Art werden konnte. Ob andere Leute außer uns das vom Vertheidiger Versäumte nachholen werden und ob etwas geschieht, um die sittlichen Gefahren, denen junge Menschen bei denkbar niedrigster Entlohnung in Advokatenschreibstuben ausgesetzt sind, zu beseitigen?«

Bei Todesstrafe: Betreten verboten!

Die Gutsbesitzer Kaehne, Petzow, 1913 – 1946

> Du dämlicher Hund liegst blutend im Wald.
> Ein preußischer Adliger machte dich kalt.
> Zitternd stand ein Junge dabei –
> Mensch, du warst Nummer 103!
> Wälz dich im Dreck – aber mach keine Szene.
> Auf Dich schoss nicht schlecht
> Waidgerecht Kähne.
>
> *Kurt Tucholsky*

1922 ließ Kurt Tucholsky seinen Gefühlen literarisch freie Bahn. Es war seine Reaktion auf die Schießereien im Petzower Forst und die darauf folgenden Justizskandale. Es war beileibe nicht der erste Vorfall dieser Art und nicht das erste Fehlurteil. Es war nicht der letzte Schusswechsel am Schwielowsee. Aktenkundig sind die »Schießwütigen Grundbesitzer« seit 1913. Karl von Kaehne sen. und Karl von Kaehne jun. standen wiederholt vor den Schranken des Gerichts. Wiederholt wurden sie von den Anklagen freigesprochen. Täter und Opfer und Legenden.

Der Schwielowsee ist Ausflugsziel der Großstädter Berlins. Stille Ufer. Ausgedehnte Wälder. Wandern. Angeln. Arbeitsstress vergessen. Seit 1630 haben die Kaehnes vor Ort Grundbesitz. Karl I. Kaehne übernimmt 1819 die

Gutsverwaltung. Wenn auch nicht nachgewiesen: Peter Joseph Lenné plante mit am Petzower Park. Freund Friedrich Schinkel soll das neue Herrenhaus entworfen haben. Theodor Fontane beschreibt es in seinen *Wanderungen durch die Mark Brandenburg* als »eine Mischung von italienischem Kastell- und englischem Tudorstil, denen beiden die gotische Grundlage gemeinsam ist. Der, wie er sich unter Efeu und Linden darstellt, wirkt pittoresk genug, ohne dass er im Übrigen zu loben wäre.« Der sanierte Herrensitz ist heute bildschöne Kulisse von Deutschlands erster Telenovela »Bianca – Wege zum Glück«. Die Kaehnes waren stolz und achteten ihr Gut. 1840 erhob König Friedrich Wilhelm IV. das Kaehn'sche Geschlecht in den erblichen Adelsstand. Doch die Revolution anno 1848 drohte auch außerhalb Berlins. Arbeitslose, Tagelöhner, »besonders Herrn von Kaehne hassten sie. Er war ihnen Symbol unerträglichen Reichtums und schier grenzenloser Macht, denn als Rittergutsbesitzer verfügte er in Petzow über Polizeigewalt. In ohnmächtiger Wut drangen sie in seine Besitztümer ein, verwüsteten seine Jagdreviere und seine Wälder. Kaehne hatte keine Wahl mehr. Nur noch mit kompromissloser Härte konnte er die Ordnung wiederherstellen.« Dem ersten Karl von Kaehne wird die Weisheit zugeschrieben: »Gott regiert die Welt und der Knüppel die Leute.« Seine Nachfahren Karl III., geboren 1863, und Karl IV., Jahrgang 1895, folgten kompromisslos dieser Tradition.

Knüppel oder Schrot bekamen alle Unbefugten zu spüren. Sicher zwang Not die Bevölkerung, sich Nahrung und Heizmaterial illegal zu besorgen. Die Kaehnes verteidigten ihren Grund und Boden gegen jeden Zutritt.

Auch gegen arglose Erholungsuchende. Ein Wasserwanderführer vermerkt: »In die südliche Bucht (des Schwielowsees) zeigt das Kirchlein von Petzow den Weg; jedoch, da es Privatbesitz ist, darf man dort nicht anlegen. Man pflegt auf Personen, die das Land unbefugt betreten, zu schießen! Also Vorsicht!« Ungastliche Tafeln warnen aller Wege: »Betreten streng verboten!« Ungute Erfahrungen hat mancher gemacht.

Anno 1913 im Mai traf es die Söhne des Landarbeiters Kliche. Die Kinder suchten im Forst Pilze und wurden von Kaehne jun., selber kaum 18, vor den Gewehrlauf gestellt. Den Achtjährigen verwundete Kaehne im Rücken. Auf den Sechsjährigen trat er besinnungslos ein. Der ihn begleitende Förster verhinderte Schlimmeres. Ein viertel Jahr später trafen die Kugeln von Kaehne jun. Vater Kliche beim Angeln. Pfingsten 1913 suchte Heinrich Thomaske nach Lietzeneiern im Schilf, als ihn des jungen Kaehne Schrot schwer verletzte. Zimmermann Born eilte zu helfen, ihn traf die Kugel im Bein. Einzig Born erstatte Anzeige gegen den Gutsherrn. Der wurde wegen fahrlässiger Körperverletzung zu 150 Mark Buße verurteilt. Vater hatte ausgesagt: »Ich habe meinen Sohn instruiert, jeden Spitzbuben eine draufzuknallen. Das ist so Brauch in Petzow. Diese Weisung hatte ich schon von meinem Großvater bekommen.« Auch das Gericht schätzt Tradition. Bei allen folgenden Prozessen zeigen die Richter Verständnis für die Gründe der Gewalt. Selten müssen die von Kaehnes Strafe zahlen, meist endet's mit Freispruch, die Kosten fallen dem Staate zur Last. Im Jahre 1945 verzeichnet Juniors Biografie 17 Verurteilungen. Angezeigte und nicht gemeldete Vorfälle sind als zahlenmäßig vielfach höher anzunehmen. »Von Kähne jun. ist ein sehr leicht erregbarer Mensch, offenbar Psychopath, der nach den Erfahrungen der letzten Jahre stark dazu neigt, die Waffe auch unberechtigterweise gegen seine Mitmenschen zu gebrauchen. Es ist daher damit zu rechnen, dass er in Zeiten der Unruhe selbst in starkem Maße die Ruhe und Besonnenheit verliert und allein durch sein Verhalten Unruhe in der Bevölkerung schürt. Nur unter diesem Gesichtspunkt bin ich für den Erlass des Schutzhaftbefehles gegen ihn eingetreten, obwohl er im vorliegenden Falle des Zusammenstoßes mit den Holzdieben in Notwehr gehandelt zu haben scheint, wobei allerdings auch jetzt wieder, wie ich höre, gegebenenfalls eine Überschreitung der Notwehr in Frage kommt. Ich empfehle daher, die Haftentlassung davon abhängig zu machen, dass sich die Gegend um Petzow auch tatsächlich beruhigt hat, was sich erst nach Zurückziehung des zur Zeit dort noch stationierten Schutzpolizeikommandos zeigen dürfte.«

Privat sind Sohn und Vater seit den Zwanzigerjahren zerstritten. Karl von Kaehne jun. wird wegen unstandesgemäßer Eheschließung enterbt. Karl IV. setzte seinen Willen und die Liebe durch und heiratete die Tochter eines Försters. Für den Vater ein Eklat. Der Sohn verlässt den Herrensitz, bleibt dem Elternhause jedoch beruflich treu. Karl Kaehne jun. wird Forstaufseher seines Vaters und nimmt dessen untertarifliche Entlohnung und weitere Demütigungen in Kauf. Doch unbeirrt seine Haltung gegenüber unbekannten Personen in seinem Aufsichtsbereich: Schüsse, Schläge, böse Worte.

Im Januar des Jahres 1923 erwischte Karl IV. das Ehepaar Lucas bei unrechtem Tun. Der Gatte hatte sich an einem Baum »vergangen«. Also Revolver gezogen und Lucas die Hände über den Schädel, und immer drauf mit dem Scheit. Als dessen Frau um Hilfe schrie, dergleichen Tritte und Schläge. Nur Tage später stellte Kaehne jun. Wandervögel auf ihrem Weg nach Werder. »Euch Lause-lümmel werde ich beibringen, Privatbesitz zu achten!« Die Drohung kannte »keine Gnade«. »Erlauben Sie mal!«, entgegnete ein Junge namens Torgeler. Kaehne schlug zu. Es kommt zu Protesten. Es kommt zu Prozess und Be-rufung vor dem Landgericht Potsdam: »Von den ihm zur Last gelegten Straftaten blieb nach der Darstellung [...] sehr wenig übrig. Die Eheleute Lucas, die er im Januar 1923 bei einem Holzdiebstahl antraf, hätten in verdäch-tiger Weise das Beil gegen ihn erhoben – daran hielt v. Kaehne fest. Bei dem Ringen mit Lucas sei nur seine Faust, ein paar Mal gegen dessen Kinn, Zähne und Nase gekommen. Von der ›anständigen Verlederung‹, die er vor dem Schöffengericht im ersten Termin mit sichtlicher Genugtuung geschildert hatte, sagte er nichts mehr. Er erzählte nicht mehr, dass Lucas ›Backpfeifen kriegte, wo es hintraf und saß‹. Nur das räumte er ein, dass er ihm ›links und rechts ein paar gegeben‹ habe. Ihm, wie die Eheleute Lucas bekundeten, ›einen Strick um den Hals geworfen‹ zu haben, bestritt er. Den Strick habe er ihm über den Kopf geworfen, um ihm die Arme zu binden. Die Eheleute blieben unter Eid bei ihrer gegenteiligen Darstellung. Er habe Lucas so geschlagen, dass der zeit-weilig ›die Besinnung verlor‹. Die um Hilfe rufende Frau habe er bedroht, ›sie über den Haufen zu schießen, wenn sie nicht ›die Schnauze hielte‹. Auch ein paar Waldarbei-terinnen bekundeten, dass v. Kähne sie, als sie auf die

Hilferufe herbeieilten, durch Bedrohung mit der Schusswaffe verscheucht habe. [...]

Im Falle Torgeler [...] wollte sich v. Kähne ebenso auf sein vermeintliches Recht berufen. Er habe Torgeler mit einer von ihm geführten Gruppe des Charlottenburger Wandervogelvereins ›Frischauf‹ auf Ackerland seines Vaters getroffen, sie durch einen ›Signalschuss‹ gestellt, den sich ›arrogant‹ benehmenden Torgeler einen ›dummen Jungen‹ genannt und auf dessen Bemerkung ›Erlauben Sie mal!‹ ihm ›ein paar geklebt‹. Torgeler sei dabei, ›weil der Boden etwas uneben war‹, zu Fall gekommen. Als die jungen Leute nicht auf den Weg, den er vorschrieb, zurückgehen wollten, habe er ihnen gesagt: ›Wenn ihr nicht Order pariert, kriegt ihr den Hosenboden voll!‹ Schon das Auftreten Torgelers und seiner Begleiter widerlegte v. Kaehnes Behauptung eines ›arroganten‹ Benehmens. Sie bekundeten unter Eid, dass sich v. Kaehne ihn, der sich höflich entschuldigte, ›Lausejunge‹ geschimpft und ihn ›mit der Faust in das Gesicht und gegen die Schläfe‹ geschlagen habe, sodass er ›hinstürzte‹ und sich später übergab. Sie seien nicht auf Acker, sondern auf einem durch Fahrgleise gekennzeichneten Feldweg gegangen, v. Kaehne aber habe sie nachher über den Acker zurückgetrieben, indem er drohte, ihnen sonst ›eine Kugel in die Knochen zu schießen‹. [...]

Das Gericht kam nach langer Überlegung zu dem Urteil, die Nötigung der Frau Lucas durch Bedrohung mit der Schusswaffe könne man nicht für bewiesen halten, darum müsse v. Kähne in diesem Punkte freigesprochen werden. Bewiesen sei dagegen alles Übrige, doch habe man diese Straftaten ›milder‹ zu beurteilen. Die Strafe für

Misshandlung von Lucas, Misshandlung und Beleidigung von Torgeler, Nötigungsversuch gegen Torgeler und seine Begleiter wurde auf zusammen ›nur 7 Wochen Gefängnis‹ bemessen. Wegen verbotenen Waffentragens blieb es bei 600.000 Papiermark Geldstrafe.«

Sehr ausführlich berichten die Zeitungen (in diesem Fall das kommunistische Parteiorgan *Rote Fahne*). Längst waren die von Kaehnes in den Blick klassenbewusster Öffentlichkeit geraten und zum Politikum geworden. So der Vorwurf: In Kaehnes Forst konnt' man unversehens in den Tod geschossen werden. Ein Mordprozess gegen Karl von Kaehne sen. wurde seit zwei Jahren angestrengt. Verschleppte die Justiz absichtlich? Urteilte man in der Republik qua gesellschaftlicher Stellung wie ehedem im Feudalismus? Opfer und Parteien interpretierten das zögerliche Gebaren der Justiz in diesem Sinne. Und das Verhalten der Herren von Kaehne verschärfte diesen Konflikt.

Am 2. Mai des Jahres 1921 war der junge Otto Laase, sechzehn Jahre, das letzte Mal gesehen. Der Sohn eines Landarbeiters wollte am Ufer des Schwielowsees nach Lietzeneiern suchen. Das hatte er Gustav Rehfeld erzählt. Der letzte Zeuge war dem Knaben auf dem Wege nach Petzow begegnet. Laases Eltern lassen mit allen erdenklichen Mitteln nach ihrem Sohn suchen. Ohne Erfolg. Am 30. Juli findet ein Milchschweizer in kaehneschen Diensten in einer Tannenschonung auf von Kaehnes Gelände einen Toten: Unkenntlich. Stark verwest. Männlich. Auf die Meldung entgegnet der Gutsherr: »Lass den Körper ruhig liegen, vielleicht fressen ihn die Wildschweine.« Die hatten ihn aus dem Boden gewühlt.

Ermittlungen werden eingeleitet, Laases Eltern an den Fundort geführt. »Immer wieder sagte mir Herr von Kaehne auf dem Wege dorthin, dass es bestimmt Selbstmord sei. Ich sagte darauf: ›Mein Sohn hat keinen Selbstmord begangen. Der war so lebenslustig. Bestimmt liegt ein Verbrechen vor.‹ Da fing von Kaehne an zu schreien – ganz puterrot lief er an – ich sei ein Lügner und ich hätte ihm auch schon Holz gestohlen!« Neben der Leiche liegt ein Revolver. Die Schusswaffe ist Vater Laases Eigentum. Mit dem Revolver wurde nicht geschossen. Er ist gesichert. Einen Selbstmord Otto Laases schließen die Indizien aus. Spuren deuten darauf hin, dass der Tote unter die Tannen geschleift wurde. Die Polizei sucht einen Mörder. Verdächtig einzig: Karl von Kaehne sen.

Der Vorgang wird vorschriftsmäßig zum Amtsbezirk Werder gemeldet. Reaktionen der Behörde: keine. »Verwunderlich blieb der mangelnde Arbeitseifer, mit dem das Amtsgericht Werder sich dieser Mordsache annahm. Vor der Besichtigung des Tatortes durch den zuständigen Amtsgerichtsrat Eichelkraut vom 1. bis zum 15. August geschah überhaupt nichts. Die erste Meldung von dem Leichenfund erhielt die zuständige Potsdamer Staatsanwaltschaft erst zwanzig Tage nach Auffindung der Leiche.« Kurz darauf werden die Ermittlungen eingestellt.

Es hagelt Proteste. Der Schriftsteller Hans Hyan ist überzeugt, dass hier ein Verbrecher nicht überführt werden soll. »Als im nächsten Frühjahr auf mein Betreiben die so arg vernachlässigte Angelegenheit wieder aufgenommen wurde, umfassten die in der Mordsache Laase entstandenen ›Akten‹ noch nicht einen vollen Foliobogen. Ich war inzwischen zu dem preußischen Justizminister gegangen

und hatte ihm den Fall in einem ausführlichen Prome-
moria klargelegt, worauf der Minister die Neuaufnahme
des Verfahrens anordnete. Auch danach waren die gehei-
men Widerstände noch sehr stark. Man legte in Potsdam
offenbar keinen Wert darauf, einen der Herren Von und
Zu unter Anschuldigung des Mordes vor den Geschworenen zu sehen. Wieder vergingen Monate, ohne dass
etwas geschah! Am 2. Februar 1923 musste ich in der *Berliner Volkszeitung* schreiben: ›Ich wende mich noch einmal
an die Höchste Anklagebehörde mit dem dringenden
Ersuchen, nunmehr aus ihrer Reserve herauszutreten und
das Hauptverfahren wegen Mordes gegen Karl von Kähne
zu eröffnen.‹« Am 2. Oktober 1923 musste sich Rittergutsbesitzer Karl von Kaehne sen. vorm Potsdamer Schwurgericht verantworten. Zweieinhalb Jahre nach der Tat und
keinen Monat nach dem Prozess gegen seinen Sohn. »Um
Störungsmöglichkeiten vorzubeugen«, wird der Zugang
der Öffentlichkeit beschränkt. Der Angeklagte bleibt bei
seinen Aussagen: »Anfänglich habe ich den Toten für
einen alten Mann gehalten, da er keine Zähne mehr hatte.
Ich hatte den Eindruck, dass der Mann in das Dickicht
hineingekrochen war, um sich dort das Leben zu nehmen.« Die Polizei hat eine andere Theorie: »Es gibt
folgende Möglichkeit: Der junge Laase hat den seinem
Vater gehörenden Revolver mitgenommen; vielleicht, um
Enten zu schießen. Dabei erwischte ihn Kaehne. Er nahm
ihm den Revolver weg. Dann schoss er auf ihn und schlug
dem Aufschreienden die Faust auf den Mund. Als der
junge Laase zusammenbrach, warf Kähne die nicht be-
nutzte Waffe, die er dem Jungen weggenommen hatte, auf
den Boden und machte sich aus dem Staube, während der

junge Laase an den erlittenen Verletzungen verstarb.« Das Gericht ist von Kaehnes Schuld nicht überzeugt. Auch nicht, als sich ein Zeuge meldet und Folgendes aussagt: »Am 2. Mai habe ich in der Nähe von Petzow am Seeufer Pilze gesucht. Da ist ein junger Mann vorübergekommen, der sich auf Petzower Gebiet bewegte. Ich habe ihn gewarnt, sich von Kaehne nicht erwischen zu lassen. Während sich der junge Mann – ohne auf diese Warnung zu hören – entfernte, habe ich dann weiter Pilze gesucht. Plötzlich kam Kaehne hoch zu Ross angesprengt. Er ritt an mir vorüber, und zwar in die Richtung, die der junge Mann eingeschlagen hatte. Der bemerkte Kaehne hinter sich und flüchtete. Darauf fielen ganz kurz hintereinander zwei Schüsse. Der junge Mann rannte noch einige Schritt weit, dann stürzte er zu Boden, raffte sich wieder auf und schleppte sich weiter. Daraufhin sei auch er aus Angst, ihm könne Ähnliches passieren, weggelaufen.« Zeuge Bellien ist vorbestraft, seine Glaubwürdigkeit erschüttert, doch Bellien bleibt dabei: Kaehne hat vom Pferde aus auf einen fliehenden jungen Menschen geschossen.

Der Staatsanwalt fordert, dass »schließlich und endlich in einem geordneten Staatswesen ein Menschenleben doch mehr wert sein müsse als eine zertretene Wiese«, schwächt aber seine Mordanklage auf Totschlag unter milderen Umständen ab. Darauf Kaehnes Anwalt: »Das ist eine Konzession an die Straße! Die Straße aber gehört nicht in die Hallen des Gerichts, wo nichts als Recht gesprochen werden soll.« Der Angeklagte beendet sein »Letztes Wort« mit der Feststellung: »Ich werde mir das Recht, mein Eigentum mit der Waffe zu verteidigen von keinem Staatsanwalt nehmen lassen!« Am 6. Oktober

1923, 15 Uhr, verkündet der Obmann der Geschworenen den Wahrspruch: Sämtliche Schuldfragen wurden verneint. Karl von Kaehne sen. wird freigesprochen. Ende des Verfahrens.

Das Urteil verbreitet sich in Potsdam wie ein Lauffeuer. Hunderte stehen vor der Ausspannung, in der von Kaehne seinen Wagen, seine Pferde untergestellt hatte. »Nieder mit dem Bluthund!«, wird geschrien. »Nieder mit dem Mörder!« Die Polizei verhindert Lynchjustiz. Die Glindower Bevölkerung ruft auf zur »Protestversammlung gegen die Raubritter und Menschenjäger von Petzow«. In den nächsten Tagen sind die Zeitungsblätter voll vom Thema Gutsbesitzer, Waffen, Mord.

Nicht lang. Denn die von Kaehnes verklagen die verantwortlichen Redakteure wegen Beleidigung. Das Amtsgericht Werder verhandelt diese Anzeige sehr schnell, verantwortlich eben jener Amtsgerichtsrat Eichelkraut, der die Ermittlungen im Mordfall Laase in die Einstellung treiben wollte. »Die Journalisten beriefen sich auf die Wahrnehmung berechtigter Interessen, in deren Rahmen kraft gesetzlicher Bestimmungen eine an sich beleidigende Äußerung nicht strafbar sei. Die Schießereien der von Kaehnes stellen eine Gefahr für die öffentliche Sicherheit dar; deshalb wäre die Presse im Interesse der Bevölkerung, insbesondere im Interesse der Berliner Ausflügler, berechtigt und verpflichtet, die öffentliche Aufmerksamkeit auf diese Zustände zu richten.« Amtsgerichtsrat Eichelkraut sah's anders: »Der Presse kommt schlechthin ein derartiges Recht nicht zu. Die Zeitungen sind geschäftliche Unternehmungen, die sich nach dem Geschmack ihres Publikums richten und lediglich den

Zweck haben, Geld zu verdienen.« Punktum. Ein jeder der Redakteure wurde zu einer Geldstrafe in Höhe von 500 Goldmark verurteilt. »Man kann sich eines gewissen Schrecks nicht erwehren, dass über die Rechte der Presse Leute urteilen, die über das Wesen und die Aufgaben der Presse vollkommen uninformiert sind und anscheinend keinerlei Vorstellung von den öffentlichen Aufgaben und der öffentlichen Funktion haben, die die Presse im modernen Staat zu erfüllen hat«, gab sich das *Berliner Tageblatt* geschlagen.

Neuer Aufruhr am 3. November 1926. Der Obstzüchter Heinrich Pietsch arbeitete auf einer von Kaehne verpachteten Parzelle, gegenüber dem Gutswald an einem kaum befahrenen Waldweg. Der ehemals dichte Waldbestand war etwa fünf Jahre früher abgeholzt worden. Auf diesem Gartengelände, das in unmittelbarer Nähe der Stelle lag, an der man die Leiche des jungen Otto Laase gefunden hatte, entdeckte der Obstzüchter Pietsch beim Umgraben in ungefähr dreißig Zentimeter Tiefe menschliche Knochenreste. Vorsichtig hob Pietsch die Erdmassen ab und fand zu seinem Entsetzen drei vollständige, gut erhaltene menschliche Skelette. Eins davon war das eines Kindes, das zusammen mit den beiden anderen bereits längere Zeit – man nahm später zehn bis dreißig Jahre an – dort gelegen haben musste. Zweifelsfrei ergaben die Untersuchungen: Diese drei Personen waren einem Verbrechen zum Opfer gefallen. Weder über Identitäten noch die Ermittlungen sind Aufzeichnungen zu erhalten. Die Kaehnes wurden mit der Angelegenheit nicht behelligt.

Ansonsten schlägt im Petzower Forst die militärisch-preußische Tradition weiter zu. »Am 23. Januar machte die Kindergruppe des Arbeitersportvereins Fichte einen Ausflug nach dem Jugendheim Mittelbusch, das auf dem Gelände derer von Kaehne gelegen ist. Beim Spiel hatten sich einige der Kinder verirrt, die dann von dem 16 Jahre alten Jugendlichen Valentin Jahnke und einem ebenso alten Mädchen gesucht wurden. Sie stießen auf Kaehne, der sie barsch anfuhr: ›Marsch! Marsch! Raus aus meinem Revier!‹ Schließlich packte er den Jugendlichen, schüttelte ihn hin und her, versetzte ihm mit einem Stock mehrere Schläge auf die Waden und einen hinter das Ohr. Als der Jugendliche zusammenbrach, schleifte er ihn an den Haaren etwa einen Meter an der Erde entlang. Als der Jugendliche sich diese Behandlung verbat, schrie Kähne ihn an: ›Sei froh, dass ich dich nicht über den Haufen schieße!‹« Vielleicht suchten Junge und Mädchen nur Liebe und Einsamkeit. Aber von Kaehne waren alle »Naturfreunde« Feinde. Und nicht nur diese. Am Nachmittag des Prozesstages im Falle des Jahnke wurde in anderem Falle weiterverhandelt. Auch das Gericht handelte in Tradition: Mildernde Umstände. Geldbuße. Ab dafür nach Hause. Auch die Berufungsinstanzen gaben den Karl von Kaehnes Recht.

Die Feindschaft der Bevölkerung nahm zu. »Arbeiter, Büdner! Sonntag, den 30. Januar 1927, nachm. 2 Uhr findet im Lokal Ulbrich, Neue Scheune eine Volksversammlung statt. Thema: 1. Schutz vor Kähne. 2. Was für eine Regierung braucht das arbeitende Volk?« Es warb die Kommunistische Partei. Sie hatte Zulauf. In Petzow vorm Gutshaus kam es zu Demonstrationen. Die Fronten blieben verhärtet. Diskussionen waren unmöglich. Nach dem Machtantritt der NSDAP herrschte Schweigen in Petzow.

Junior hatte alle Sympathien fürs neue Regime. Nach dem Tod des Vaters, im Jahre 1936, gewann er seinen Erbschaftsstreit. Karl IV. von Kaehne wurde rechtmäßig Besitzer des Gutes. Und doch ermittelte die Gestapo.

Am 10. Mai 1943 teilte der Schutzpolizist des Postens Petzow mit, »dass in seinem Büro der Dr. Mehlhemmer sei, der in dem umfriedeten Schlosspark am ›Haussee‹ des Gutes Karl von Kaehne in Petzow beim Kräutersuchen ein verdächtiges Versteck gefunden habe […] in dem sich Einbruchswerkszeuge, Lebensmittel usw. befanden«. Das ist verdächtig. Illegale, Juden, viele waren auf der Flucht. »Ich persönlich stellte heraus, dass es sich mit aller Wahrscheinlichkeit um ein Versteck eines flüchtigen Kriegsgefangenen bzw. um ein Versteck des flüchtigen und unter Polizeiaufsicht stehenden Arbeiters Krause aus Werder/H. handeln könnte. Ich gab hierauf den Auftrag bekannt, der dahin ging, ein Entweichen des Flüchtlings zu verhindern und Durchführung der Festnahme. Der Lage entsprechend entschloss ich mich, das Versteck nach 3 Seiten abzusperren. Um 22.18 Uhr, und zwar nach Uhrenvergleich begann der Abmarsch. Von der Ausgangsstellung begann der Einsatz 22.30 Uhr.«

Karl von Kaehne war trotz Vorstrafen und Leumund Gruppenführer der Stadtwacht. Auf seinem Boden hatte Dr. Mehlhemmer das Lager entdeckt. Von Kaehne tat beim Einsatz mit. Keine Frage. Dr. Mehlhemmer sollte den Schutzpolizisten und von Kaehne den Weg zum Versteck zeigen. Die letzten Meter ging Mehlhemmer allein. Ein vereinbartes Zeichen der Rückkehr war »Pst«. »Es vergingen etwa 20 Minuten, als wider Erwarten hinter dem Rücken des Schutzpolizisten Schreiner, und zwar aus dem

Waldstreifen eine Person herauskam, die Schreiner sofort einige (4 mal) mit dem Anruf ›Halt! Stehen bleiben!‹ aufforderte. Nachdem der Betreffende trotz der deutlich lauten Anrufe nicht stehen blieb und sich in keiner Weise trotz Vereinbarung zu erkennen gab, machte Schreiner zunächst von seiner Schrotflinte Gebrauch. Er gab zuerst einen Schuss ab. Als der Betreffende links an ihm vorbeilief, gab Schreiner den zweiten Schuss aus der Schrotflinte ab. Kurz darauf jagte Schreiner, als der Betreffende immer noch weiterlief, einige Schüsse aus seiner Pistole heraus. Schreiner rief mir gleichzeitig zu: ›Ltn. Er kommt auf Sie zu, aufpassen! Schieß doch! Nicht feige sein!‹ Ich ging sofort in Anschlag, konnte aber in der Entfernung von 20 m keine Person erblicken, obwohl um 22.45 Uhr die Sicht noch einigermaßen war. Der Gruppenführer der Stadtwacht v. Kaehne, der durch Sumpf und Morast watend dem Schreiner zu Hilfe eilen wollte, sah die Person auf sich zukommen. Angeblich wurde er von ihr an der Brust gefasst. Sofort gab v. Kaehne aus seiner schussbereiten Waffe (Pistole) einige Schüsse ab, worauf die Person durch Kopf und Hals getroffen, zusammensank. Beim Anleuchten mittels Taschenlampe […] wurde festgestellt, dass es sich um Dr. Mehlhemmer handelt, der den geschilderten Begleitumständen nach einem tragischen Unfall zum Opfer fiel […] Dr. Mehlhemmer brauchte nur von dem vereinbarten ›Pst‹ Gebrauch zu machen oder seinen Namen zu nennen, so wäre das Schießen unzweifelhaft unterblieben, denn Schreiner und v. Kaehne sind Weltkriegsteilnehmer, die weder aus Erregung noch Furcht geschossen haben.« Der Einsatzleiter war sich sicher, »dass Dr. Mehlhemmer bei dem ersten Anruf durch Schreiner die Geistesgegenwart verloren haben musste und in der übergroßen Erregung die lauten Haltrufe überhört haben kann.«

Fragen der Gestapo hielten sich in Grenzen oder wurden gar nicht gestellt. Zum einen waren Parteigenossen am Vorfall beteiligt. Zum anderen saß Dr. Alfred Mehlhemmer über ein Jahr im KZ Sachsenhausen, er stand dem kommunistischen Widerstand nah. Bewiesen wurde seine Beteiligung weder von den Nazis noch später im sozialistischen Regime. Mehlhemmer hat im KZ gesessen, das genügte. Mehlhemmers Frau hat um seine Freilassung gekämpft und gewonnen. Sie arbeitete in der Verwaltung der UFA und hat Beziehungen (wie kolportiert wird) bis hin zu Goebbels spielen lassen. Der faschistische Staat entschädigte die Witwe nach dem Diensttod ihres Gatten mit 50 Pfennig pro Tag für getane Arbeit im Lager.

Karl von Kaehne erwarteten auch in diesem Falle vorerst keine Strafen. Möglich war es durchaus, dass kein Flüchtling das geheime Lager im Schlosspark anlegte, sondern der Herr Gutsbesitzer höchstpersönlich. Um unrechtes Tun zu verbergen. Um Abgaben und Sanktionen zu entgehen. Um Eigentum vor jedem Zugriff zu sichern. Die Akten haben darauf keine Antwort. Die Strafverfolgung wurde ausgesetzt. Ein Prozess angestrengt. Erwartbar: Das Gericht sprach von Kaehne frei.

Am 5. Mai 1945 zog die Rote Armee in Petzow ein. Das Gut Karl von Kaehnes wird im Sinne der Bodenreform enteignet und das Land Neubauern zugewiesen. Der *Volkswille* meldet am 10. Februar des Jahres 1946 unter der Überschrift: »Schießkaehne wird nicht mehr schie-

ßen!«: »Vater und Großvater waren schon als Schieß-
helden bekannt. Ob es Wanderer waren, die von Glindow
Werder her etwa das Geburtshaus C. Fr. Zelters besuchen,
Wassersportler, die an den herrlichen Ufern des Schwielowsees lagern wollten – keiner war vor den Kugeln der
Junker von Kaehne auf Schloss Petzow sicher. Allein der
letzte Sprössling dieser ehrenwerten Sippe ist siebzehn
Mal, darunter mehrfach wegen schwerer Körperverletzung vorbestraft – ungerechnet die zahllosen Fälle, bei
denen er dem Gericht durch die Maschen ging.

Kaehne ist jetzt wegen Mordverdachts verhaftet worden.
In Ferch in unmittelbarer Nähe des Kaehn'schen Gutes
lebte 1943 ein aufrechter Antifaschist, Dr. Alfred Mehlhemmer, eben aus dem Konzentrationslager Sachsenhausen entlassen, wo er ein Jahr festgehalten wurde. Er
hatte beim Angeln ein Hamsterlager entdeckt, das dem
Kaehne gehörte. Kaehne musste Rache nehmen: er lud
den Dr. Mehlhemmer heimtückisch ein, an einer Razzia
teilzunehmen, die er mit fünf Polizisten veranstaltete. Am
nächsten Morgen wurde Mehlhemmer, von zahlreichen
Schrotladungen und über zwanzig Pistolenschüssen getroffen, im Walde bei Ferch aufgefunden. Das Gut Kaehne
wurde bereits im Zuge der Bodenreform enteignet. Einen
Teil hat die Witwe Dr. Mehlhemmers erhalten – eine
gewiss nur geringe Entschädigung für das schwere Leid,
das ihr der Junker zufügte. Kaehne ist verhaftet – und die
Einwohner von Petzow und allen umliegenden Dörfern
werden aufatmen, wenn den Letzten des Geschlechts die
verdiente Strafe erreicht hat. Von dem ersten Kaehne,
einem bürgerlichen Streber, der vor hundert Jahren die
Dynastie begründete, hat Theodor Fontane in den

Wanderungen erzählt. Der Chronist von heute wird, so ist im Namen der Gerechtigkeit zu hoffen, abschließend berichten: der letzte Kaehne endete am Galgen – als Sühne für den Mord an einem aufrechten Manne, der ein Kämpfer gegen die Gesinnung war, die die Kaehnes und die ihresgleichen vertraten.« Auch für die neuen Machthaber liegen die Fakten klar. Karl IV. von Kaehne wird ins Internierungslager der Roten Armee, dem ehemaligen KZ, nach Sachsenhausen gebracht. Dort verliert sich seine Spur.

Neubäuerin Mehlhemmer war von Anbeginn ihrer Landnahme in Petzow ungelitten. Keine Ahnung hatte sie von Acker- und Obstanbau. Mit Grund und Boden war sie von den neuen Herrschern entschädigt worden. Anwohner fühlten sich übergangen und ungerecht behandelt. Die Witwe verpachtete das ihr zugewiesene Land und betrieb eine Pension. In der waren nicht die systemtreuen neuen Machthaber zu Gast, sondern oft alte Bekannte aus Westberlin. Und da gab es die Gerüchte um Frau Mehlhemmers Beziehungen zum faschistischen Propagandaminister … Der sozialistische Boden wurde der Witwe zu heiß. Sie verließ ihn 1954 in westlicher Richtung.

Nazi-Rechercheur Julius Mader entdeckte den Fall in den 1980ern neu und bemerkte: »Der von Peter Joseph Lenné angelegte, immer sehenswerte Schlosspark wird bis 1989, zu Ehren des 200. Geburtstages seines Schöpfers, rekonstruiert. Zuvor aber sollte vielleicht der Rat des Bezirkes Potsdam schon darangehen, an würdiger Stelle einen passenden Gedenkstein zu platzieren, der die Inschrift tragen könnte: ›Hier ermordete der Großgrund-

besitzer Karl von Kaehne im Kriegsjahr 1943 den Antifa-
schisten Dr. Alfred Mehlhemmer‹.«

Der Park wurde rekonstruiert übergeben. Der antifa-
schistische Gedenkstein wurde aufgestellt. Seit der Wende
hat mehrmals der Eigentümer des Schlosses gewechselt.

Hasenmaul

Der Serienmörder Stefan Kleiczig, 1938–1944

»Ich gehe in die alten Eichen von Rackelsdorf und nehme Bolko mit. In etwa drei Stunden bin ich zurück. Jetzt scheint so schön die Sonne. Ich will mal zu meiner Steinpilzstelle«, sagt Inge Michelstedt und verabschiedet sich von ihren Eltern. Es ist Samstag, der 17. September 1938. Die Brunft der Hirsche hat gerade begonnen. Die 17-Jährige kehrt nicht zurück. Nach Stunden findet sie der Vater: verletzt, kaum bei Bewusstsein. Mit einem Seil wurde Inge Michelstedt zu Boden gerissen. Eine Vergewaltigung wurde versucht. Bolko, der Hannoversche Schweißhund, hat den Täter in die Flucht gezwungen. Mit einem Messer hat er auf das Tier eingestochen. In einer Schlinge findet man schwer verletzt Bolko. Das Seil der Tat wurde auf Michelstedts Forsthof gestohlen. Einen Soldaten im Schwarz der stationierten Panzerbrigaden hat man gesehen. Ein Fetzen Stoff bestätigt diese Vermutung. Blutspuren werden verfolgt. Fingerabdrücke stellt die Polizei sicher und Schlingen. Mehr als zwanzig liegen im Wald aus. In einigen entdeckt man verendetes Wild.

Charakteristisch für den Wildschütz »ist schließlich auch ein spezieller Ehrenkodex. In den mit alten Wilderern geführten Gesprächen beriefen sich diese stets auf Regeln eines solchen Kodex, denn der ›echte‹ Wildschütz will mit dem bloßen ›Raubschützen‹ nichts zu tun haben. Als ›Raubschütz‹ wird jemand gesehen, der nicht waidmännisch jagt, ›alles‹ schießt, also nicht davor zurückscheut, die Muttergeiß vom Kitz wegzuschießen, der Schlingen legt oder Fallen stellt, wodurch das Tier fürchterlichen Qualen ausgesetzt wird, und der sogar vor einem hinterlistigen Mord an einem Jäger nicht zurückschreckt.« Die volle Verachtung des Wildschützen trifft diese Verbrecher.

Der Täter von Rackelsdorf ist ein »Raubschütz«. Ein »echter Wildschütz« keineswegs. In den folgenden Jahren hinterlässt dieser Täter stets wieder seine Spuren. Brutal und mitleidlos Tier und Menschen gegenüber. Seine Opferliste verzeichnet nach sechs Jahren 19 Tote. Die Überlieferungen widersprechen sich. Die Kriegszeit tat ein Übriges bei der Bewahrung der Fakten. Die Jagd auf den »Raubschütz« endet 1944. Noch vor der Hinrichtung wird er beim Fluchtversuch erschossen. Name: Stefan Kleiczig.

Die Identität des Gewalttäters im Fall Inge Michelstedt ist 1938 schnell geklärt. Die Fingerabdrücke sind mit denen des fahnenflüchtigen Panzersoldaten Stefan Kleiczig identisch. Die Auskünfte der Wehrmacht ergeben, dass Kleiczig 34 Jahre alt ist und als Freiwilliger für eine längere Dienstzeit vor Jahresfrist in die Panzertruppe eingetreten ist. »Er stammt aus der Gegend von Zawadzki in Oberschlesien, wo er auf einer Wassermühle als Treckerfahrer gearbeitet hat. Kleiczig ist 1,78 Meter groß und breit, beinahe athletisch gebaut und wegen seiner Körperkräfte bekannt und oft auch gefürchtet. Im Allgemeinen gilt er als gutmütig. Nur wenn er getrunken hat, beginnt er gern zu randalieren und protzt seinen Kameraden gegenüber damit, wie gerissen er in seiner Jugend Forellen gefangen und Hasen und Rehe gewildert habe. Dabei sei er oft in brenzlige Lagen geraten und habe Zusammenstöße mit Förstern gehabt. Jedes Mal habe er mit erhobener Stimme erklärt: ›Aber fassen lasse ich mich nicht von den Brüdern!‹ […] Ein auffälliges Kennzeichen bildet seine Mundform. Seine Oberlippe ist auffällig lang ausgebildet, sodass es aussieht, als ob sie über die Unterlippe etwas herabhängt. Das hat ihm bei seinen Kameraden den Spitznamen ›Hasenmaul‹ eingetragen. Dieses Merkmal wird bei der polizeilichen und militärischen Fahndung nach ihm besonders dringlich erwähnt.« Nach dem Verbrechen an Inge Michelstedt ist Stefan Kleiczig verschwunden, taucht im Regiment nicht mehr auf. Trotz des tiefen Bisses von Bolko, dem Hannoverschen Schweißhund. Er kennt sich aus in der Gegend. Im schlesischen Grenzgebiet leben Polen, sie sind auf die Deutschen ungut zu sprechen. Stefan Kleiczig setzt sich ins Nachbarland ab.

Gut ein halbes Jahr kommt Kleiczig bei einem Bauern unter. Nach schwerem Fieber und langsamer Genesung unterstützt er den Hof. Er dezimiert den Rehbestand der Gegend um Niepart. Der Bauer veräußert die Beute und isst. Im April 1939 wechselt Kleiczig wieder nach Deutschland, nächtigt in Scheunen und auf freiem Gelände und beschließt, sich Schussgerät zu besorgen. Der Senior des Breslauer Unternehmens Heinberg hat eine Jagdhütte in der wildreichen Gegend von Tscheschenheide. Als der Pächter auf dem Hochsitz weilt, tut sich Kleiczig in der Hütte gütlich. Essen und Trinken, einen Drilling entdeckt er, keine Handfeuerwaffe, die er gern hätte. So erwartet Kleiczig Heinberg, erschießt ihn und dessen Hund, verbringt die menschliche Leiche ins Haus und vernagelt die Tür. Am nächsten Vormittag findet Heinbergs Jagdaufseher den Toten. Rucksack, Messer, eine Pistole, der Drilling, ein Fahrrad werden vermisst. Heinbergs Fernglas liegt nah im Unterholz, der Schuss hatte die Gläser zertrümmert. Als Täter steht Stefan Kleiczig schnell fest. Allein: Er hat deutsches Gebiet wieder in polnischer Richtung verlassen.

Kleiczigs Freund Urban Radczinski arbeitet als Fischer auf dem Hege- und Herrensee bei Woszakowice (Luschwitz). Radczinskis Wirtin gibt auch dem Flüchtenden Unterkunft, zumal ihre Mieter sie mit Fleisch versorgen. Als Kühlschrank und Depot dient der Ziehbrunnen. Hehler Walerian verkauft und nennt die Adressen von Interessenten. Als er versucht, den Lieferanten zu hintergehen, erfährt Walerian Kleiczigs Gewalt. Offiziell ist Kleiczig Radczinskis Gehilfe, der den Fischer bei seiner Arbeit »gegen ganz geringes Entgelt« unterstützt. Über ihr Engagement kann der Arbeitgeber nicht klagen. Die Fangquote stimmt und damit der Profit. Die Tätigkeit bietet auch für den Abtransport revidierten Wildes hervorragend Tarnung, wer vermutet dieses bei Fischern im Boot. Kleiczig und Kumpel verdienen reichlich für Schnaps, Tabak und anderes Vergnügen. Mit dem diensttuenden Revierförster pflegen sie freundlichen Umgang. Diesem fällt erst nach Monaten ein Achterhirsch auf, der im Geweih Draht trägt. Der Abschuss beweist: Im Revier wird gewildert. In größerem Maßstab: Förster Plotnicki und Waldgehilfe Klanski finden zig Schlingen. Kleiczig und Radczinski stehen außer Verdacht, bis sie am

23. August von Plotnicki und Klanski auf frischer Tat gestellt werden. Radczinskis Schuss tötet den 70-jährigen Waldarbeiter. Plotnicki erschießt Radczinski. Kleiczigs Schüsse treffen den Förster. Erst am nächsten Morgen werden die drei Leichen gefunden. Zum Zeitpunkt ist Stefan Kleiczig bereits gen Osten unterwegs. Die Fahndung nach ihm bleibt erfolglos.

Am 1. September 1939 meldet das Oberkommando der Wehrmacht: »Auf Befehl des Führers und Reichskanzlers hat die Wehrmacht den aktiven Schutz des Reiches übernommen. In Erfüllung ihres Auftrages, der polnischen Gewalt Einheit zu gebieten, sind Truppen des deutschen Heeres Freitag früh über alle deutsch-polnischen Grenzen zum Gegenangriff angetreten. Gleichzeitig sind Geschwader der Luftwaffe zum Niederkämpfen militärischer Ziele in Polen gestartet. Die Kriegsmarine hat den Schutz der Ostsee übernommen.«

Kleiczigs Ziel sind die Urwälder von Bialystok im Nordosten Polens. Eineinhalbtausend Kilometer legt er zurück. Auf dem Fahrrad. Zu Fuß. Unterkunft findet er in einsamen Scheunen. Als Tagelöhner verdient er Lebensunterhalt. Zur besseren Orientierung nimmt er sich die Eisenbahnkarte im Bahnhof von Plock, diesbezügliche Fragen beantwortet er: »Das hat das Militär aus Spionagegründen angeordnet.« Auf einem Einödwesen zwischen Sokolow und Dobriczyn am Bug findet er Aufnahme bei der jungen Kriegerwitwe Maria Lewandowska, 22. Ein Panjepferd besitzt sie, Gänse und Puten. Kleiczig und die Bäuerin verstehen einander auch sexuell. Kleiczig nimmt seine Wilderertätigkeit wieder auf. Zuerst auf dem Gut des Grafen von Radziwill, den die Deutschen in Gewahrsam nahmen. Mit Papiertüten, selbst gekochtem Leim und Mais als Köder dezimiert er den Bestand von Radziwills Fasanerie. Mit seinem Drilling schießt Kleiczig Hasen, Rehe, Sauen. Das bringt Geld ein. Relativ problemlos: Deutsche Förster sind in den besetzten Gebieten selten. Doch »der 52-jährige Revierförster Gerhard Klinger ist durch das Reichsforstamt in Berlin von der hessischen Forstverwaltung mit dem Auftrage angefordert worden, sich Ende Oktober 1939 in Ortelsburg in Ostpreußen mit dem preußischen Forstmeister Gabriel zu treffen. Sie erhalten vom Landforstmeister in Gumbinnen die Anordnung, sich nach Sokolow zu begeben und dort die Waldungen und das vorhandene eingeschlagene Holz zu erfassen. Sie sollen Vorbereitungen zur Einrichtung einer deutschen Forstverwaltung ausführen und vorhandene polnische Forstbeamte einsetzen.« Kleiczig handelt vorsichtig, schießt in der Dämmerung, nachts. Den Beamten begegnet er nicht.

Aufruf Görings am 14. März 1940: »Nach allen ihren Fehlschlägen hoffen die Feinde jetzt, dass uns einzelne kriegswichtige Metalle ausgehen werden, die, wie sie annehmen, in Deutschland nicht in ausreichender Menge gewonnen werden können. Wir werden ihnen darauf die rechte Antwort erteilen und uns vorsorglich eine jederzeit verfügbare Reserve an diesen Metallen schaffen […] Ich rufe euch deshalb heute auf zu einer großen Sammelaktion. Wir wollen der Reichsverteidigung alle entbehrlichen Gegenstände aus Kupfer, Bronze, Messing, Zinn, Blei und Nickel in nationalsozialistischer Opferbereitschaft zur Verfügung stellen.«

18. April 1940: Im Wald bei Sokolow wird Kleiczig angerufen. Gerhard Klinger hat den Wilddieb gestellt. Kleiczig lässt den Drilling fallen. Als Klinger diesen aufhebt, feuert Kleiczig mit der Pistole. Der Förster wird beraubt, dabei stellt Kleiczig fest: Noch lebt Klinger. Wie beim Zerwirken des Wildes öffnet ihm der Wilddieb mit seinem Messer die Halsschlagader. Der Tote wird unter Reisig versteckt. Der Drilling bleibt liegen.

Die Suche nach Gerhard Klinger bleibt erfolglos. Auch die Geliebte, Maria Lewandowska, kann erst nach Tagen Kleiczigs verändertes Verhalten deuten. Sie ist schwanger. Sie möchte den Trauschein. Sonst … Stefan Kleiczig erwürgt die Kriegerwitwe, packt seinen Rucksack, die 9-mm-Walther, besteigt das Rad Richtung Norden. Nach Tagen brüllt das hungernde Vieh auf dem Hof. Die Ermordete wird gefunden, Ermittlungen eingeleitet, das »Hasenmaul« beschrieben. Der Mörder kann nicht gestellt werden. Der örtliche Hauptmann der Polizei bittet um Unterstützung des Reichsforstamtes in Berlin. Man entsendet einen auf »Wilddieberei« spezialisierten Kommissar.

Das Reichsforstamt kann Wald und Wild kaum schützen. Der Krieg fordert: Männer in den Wehrdienst. Wildschützen haben leichteren Schuss. Die Wirren machen Grenzübertritte, Schmuggel und Verkauf problemloser. Der Staat zeigt Macht: Bei Überführung – Todesstrafe! Der angereiste Kommissar stellt Spuren sicher. Die Leiche Klingers wird gefunden. Der Vergleich stellt Tatsachen fest: Fingerabdrücke und Personenbeschreibungen stimmen überein. Mordfall Plotnicky, Mordfall Heinberg, Mordfälle Lewandowska und Klinger – als Täter steht nur eine Person unter Verdacht: Stefan Kleiczig. Doch dieser ist den Ermittlern entkommen, endgültig ins ausgedehnte Urwaldgebiet von Bialowicza. Die Verfolgung fällt schwer. Zumal sich Kleiczig der Bande des Kasimir Twardowski anschließt. Die Gesellen hausen im Wald und nutzen ein verzweigtes Netz von Hehlern, Abnehmern und Sympathisanten. Kleiczig ordnet sich schnell (wenn auch manches Mal widerwillig) den Regeln unter. Seine Fertigkeiten und Erfahrungen nötigen Hochachtung ab. Die Bandenaufsicht über den neuen Spießgesellen wird rasch lascher. Kleiczig handelt auch eigenmächtig mit Tabak und Alkohol.

Kleiczig besetzt mit drei Kumpanen eine Außenstelle Twardowskis, die »Röhre«. Sie ist ein ausgebauter militärischer Unterstand des Ersten Weltkrieges. Vorgeschoben dem Hauptlager handeln die vier hier meist nach eigenem Gutdünken. Sie sind näher der Zivilisation. Unauffällige Jagd ist zwingend. So ist es ein Affront Kleiczigs, als er auf ein tief fliegendes Flugzeug einen gezielten Schuss abgibt. Kleiczig hat den mitfliegenden Forstmeister tödlich getroffen. Die Beobachtungen der staatlichen Forstaufsicht werden verstärkt. Eine Spur von seinem Haus im Schnee führt in den Wald und zur »Röhre«. In einem Großeinsatz wird das Wildererlager von Polizeikräften gesprengt. Drei Leichen kann man identifizieren. Stefan Kleiczig stellte in dieser Nacht neue Schlingen.

Kasimir Twardowski misstraut dem einzig Überlebenden. Zu Recht. Nach Monaten hat Kleiczig den Plan und handelt: Er packt Twardowski am Jägerehrgeiz. Einen kapitalen Bock hat er gesichtet, er würde ihm seinem

Führer überlassen. Twardowski schlägt ein, nur nicht, dass im Tausch seine Geliebte Jadwiga Selbrotzka in Kleiczigs Bett wechseln soll. 18. Mai 1941: Kleiczig erschießt Kasimir Twardowski. Hinterhältig. Ins Genick. Die Leiche versenkt er im Moor wie dessen Büchse, sie könnte den Mörder verraten. Stefan Kleiczig ruft sich zum neuen Hauptmann der Bande aus. Widerspruch erstickt er mit Gewalt. Und trotzdem: »Weißt du, Kamerad, unser Geschäft wird von Tag zu Tag schwieriger. Wir müssen sehr, sehr vorsichtig sein! Es liegt bestimmt etwas Großes in der Luft, glaube mir. Die deutschen Soldaten werden immer mehr. Am Nordwestrand vom Waldgebiet haben sie Schneisen geschlagen, Feldbahngleise gelegt und fahren mit Lastwagen dauernd Benzinfässer an, die sie dort stapeln. Das sind in den letzten Wochen schon tausende geworden. Zwischen unseren Höfen hier und der Grenze werden dauernd Granaten angefahren und mit Netzen getarnt. Weißt du was? Ich glaube, das geht gegen die Russen!«

Um 3.15 Uhr des 22. Juni 1941 wird das Unternehmen »Barbarossa«, der Angriff auf Russland, unter dem Stichwort »Dortmund« gestartet. Der Wehrmachtsbericht meldet lakonisch: »An der sowjetrussischen Grenze ist es seit den frühen Morgenstunden des heutigen Tages zu Kampfhandlungen gekommen.« Über drei Millionen Soldaten sind in die Kämpfe einbezogen. Der deutsche Angriff trifft die Rote Armee »zum Teil völlig überraschend. Schon am ersten Tage werden 1200 Sowjet-Flugzeuge vernichtet. Das VIII. Armeekorps nimmt die Festung Grodno, bei Brest-Litowsk wird die 4. Sowjet-Armee von der Panzer-Gruppe 2 zerschlagen. Südlich

Brest-Litowsk wird die Stadt Kobrin besetzt. Im Südabschnitt nimmt die 101. Leichte Division den sowjetischen Teil der Stadt Przemysl am San.«

Kleiczig zieht von Bialowicz Richtung Norden. Seiner Bewaffnung hat er sich entledigt, sie stört das Bild eines einsamen Wanderers. Nur die Pistole trägt er versteckt im genitalen Bereich. Die Aufmerksamkeit und die Zahl der Gendarmen haben die Kriegshandlungen dezimiert. Kleiczig erregt kein Misstrauen und überschreitet bei Lomza den Narew. Längeres Quartier erhält Kleiczig in Czarnia. Maria Jakolskas Mann haben die Deutschen geholt und erschossen. Die Bäuerin und Mutter eines siebenjährigen Sohnes freut die unterstützende Hand. Kleiczigs Angebot, Mahlzeiten durch Wildern zu verstärken, lehnt sie vorerst ab. Doch Mangel veranlasst sie, Kleiczigs Fleisch anzunehmen, mehr noch, als sie sieht, dass dem Sohn sichtbar die reichliche Kost gut bekommt. Deutlich wird der Wildbestand dezimiert. Draht für die Schlingen liefern zerstörte Telefonleitungen in Menge. Und doch hält es Kleiczig nicht vor Ort und nicht bei Maria. Er geht. Wochen danach entdeckt der zuständige Förster erst Kleiczigs Schlingen und in ihnen elf verendete Rehe. Die Fahndung bleibt ohne Erfolg.

Im Münchner *Löwenbräukeller* hält Hitler zum Jahrestag des Putsches von 1923 am 8. November eine Rede, in der er zum Russland-Feldzug erklärt: »Noch niemals ist ein Riesenreich in kürzerer Zeit zertrümmert und niedergeschlagen worden als diesmal die Sowjetunion.« Auch auf die Lage vor Leningrad, das schon lange belagert wird, geht er ein: »Wer von der ostpreußischen Grenze bis zehn Kilometer vor Leningrad gestürmt ist, der kann auch noch die zehn Kilometer vor Leningrad bis in die Stadt hineinmarschieren. Aber das ist nicht notwendig, die Stadt ist umklammert.«

In den Sumpfgebieten von Omulew und Rozoga findet Kleiczig im Herbst '41 neues Revier und neue Freunde. Pjotr Tscherski gibt Wohnstatt und verteilt das Wild an die Kunden im nahen Ostrolenko. Bis zu zehn Tiere gehen täglich in Schlinge und Tod. Im frühen Novembernebel begegnet Kleiczig Förster Georg Stark. Beim ersten Aufeinandertreffen kann Kleiczig entkommen. Beim zweiten hat Stark seinen Drilling im Anschlag. Dass der Wilderer eine Pistole unter der Hose trägt, am Oberschenkel festgeklebt, kann der Forstmann nicht ahnen. Vier Kugeln strecken ihn nieder. Und Kleiczig beginnt seine Opfer zu zeichnen: Drei Kreuze ritzt er seit dem Mord an Twardowski auf ihre Stirn. Kleiczig nimmt Geld, das Prismenglas, den fast neuen Rucksack. Seinen alten wirft er ins Gebüsch und entfernt sich auf Starks in der Nähe stehendem Fahrrad. Der Schwerverletzte kann noch eine Aussage machen, Stunden darauf stirbt Stark. Tscherski und Komplizen werden verhaftet. Vom Mörder fehlt jede Spur.

Solange es die Witterung zulässt, nimmt Kleiczig im Freien Quartier. Über den Winter geht er in einem Sägewerk nahe Parciaki in Stellung. Im Mai '42 wird er Fischer in der Johannisburger Heide im Süden Ostpreußens. Mit Komplizen Clemenz Czecker, einem Volksdeutschen aus dem Seengebiet des »polnischen Korridors«, nimmt Kleiczig das Wildern im Gebiet des Forstamts Turoscheln wieder auf. Als sein Chef ihn zu den Wilddiebstählen befragt, weiß Kleiczig, dass sich der Kreis enger um ihn zieht.

Er verlässt diese Gegend und fährt wieder auf polnischen Boden. In Rybno nimmt er erneut ein Arbeitsverhältnis als Fischer an. Aufmerksamkeit erregt ihm dort ein stattlicher Forstmann. In Franz Lenke erkennt Kleiczig einen seiner frühesten Widersacher. Lenke war es, der dem jungen Stefan erstmals Schrot in den Körper schoss. Tat und Schmerzen hat Kleiczig niemals vergessen. Er lauert Franz Lenke auf. Ein erster Schuss streckt ihn nieder. Das Messer zerschneidet die Kehle. Der Kolben wird Lenke ins Gesicht geschlagen, bis er zerbricht. Nach viertägiger Suche wird des Försters Leiche gefunden. Lenke hinterlässt Frau und zwei halbwüchsige Kinder. »Hasenmaul« steht als Täter schnell fest. Großfahndung wird ausgelöst. Resultat: keines.

»Nach einem Jahr siegreicher Schlachten im Kampf gegen die Sowjetunion«, am 2. Juli 1942 gibt das Oberkommando der Wehrmacht die deutschen Verluste mit 271.612 Gefallenen und 65.730 Vermissten an: »Die Schwere der Opfer zeigt die Größe der Gefahr, die über Europa schwebt.«

Kleiczig verlagert seinen Tätigkeitsbereich. Mitte September 1942 erreicht er den Wieczno-See westlich der Straße Graudenz/Gollub. Fischer Dubrowski gibt Kleiczig Anstellung. Kollege Wassilinski ist 22 und in die Tochter des Fischers verliebt. An Theresa allerdings hat auch Kleiczig Interesse. Ein Rendezvous der Verliebten stört Kleiczig, schießt Wassilinski nieder und vergeht sich an der Achtzehnjährigen. Als diese sich der Gewalt widersetzt, schließen sich Kleiczigs Hände um ihren Hals. Vater Dubrowski entdeckt die Bluttaten erst einen Tag später. Seine Beschreibung von Kleiczig ist zu ungenau, als dass diese zwei Morde auf dessen Konto zu zählen wären. Erst später werden sie dem Täter angelastet.

Hitlers Kommando-Befehl vom 18. Oktober 1942: »Von jetzt ab sind alle bei sogenannten Kommando-unternehmungen in Europa oder in Afrika von deutschen Truppen gestellte Gegner, auch wenn es sich äußerlich um Soldaten in Uniform oder Zerstörertrupps mit oder ohne Waffen handelt, im Kampf oder auf der Flucht bis auf den letzten Mann niederzumachen […] Selbst wenn diese Subjekte bei ihrer Auffindung scheinbar Anstalten machen sollten, sich gefangen zu geben, ist ihnen grundsätzlich jeder Pardon zu verweigern.«

Mitte Oktober gelangt Kleiczig nach Marienwerder. Versuche, die »Wilddieberei« geschäftlich zu betreiben scheitern. Quartier nimmt er in einer Schutzhütte, die einigen Komfort bietet: Feuerstelle, Blechgeschirr, einen Verbandskasten. Der Draht vom Gatter wird Schlinge. Ein Reh verfängt sich. Und doch: Der Revierförster stellt den Wilderer und erkennt den Gesuchten. »Hasenmaul« flieht, wird angeschossen, kann entkommen. Als Rache setzt er den Wald in Brand. Als Förster, Familie, Helfer beim Löschen sind, tötet Kleiczig auf dem Forsthof jegliches Vieh. Sechs Wochen streift Kleiczig nach dieser Tat den Lauf der Weichsel folgend gen Süden. Wieder auf polnischem Gebiet erzählt er dem Arzt, er sei vor den Deutschen geflohen. Hinrichten haben sie ihn polnischen Soldaten wollen wie alle anderen seiner Kameraden. Nur er sei entkommen, ein Schuss aber habe ihm den Oberarm durchschossen. Der Arzt behandelt. Kleiczig zahlt. Ende November findet er Arbeit im Sägewerk Fordon in der Gegend von Bydgoszcz: Lohn, Schlafstatt, Verpflegung.

Frühjahr 1943 – und Stefan Kleiczig hält in den geordneten Verhältnissen nichts. Auf Weichsel und Netze und den sie verbindenden Kanälen herrscht Last- und Güterverkehr. Gerüchten nach zahlen deutsche Abnehmer für Fleisch hohen Preis. Im Reich werden Lebensmittel knapper, teilweise rationiert. Ein lohnendes Geschäft bahnt sich an. Durch Vermittlung gerät Kleiczig an Karl Lackmann, einen Schiffer, der regelmäßig Tour bis in die Reichshauptstadt fährt. Bei einem Mittelsmann werden die Fleischvorräte gelagert. Doch im Juni erregt Lackmanns Ladung die Aufmerksamkeit des deutschen Zolls am Kontrollpunkt Lukatz-Kreuz: Blut tropft aus Kisten. Illegal sollte Wildbret und vier geschlachtete Schweine verschifft werden. Lackmann gesteht und nennt seinen Kumpan in Filehne. Dieser beschreibt »Hasenmaul«.

»Ich frage euch neuntens: Billigt ihr, wenn nötig, die radikalsten Maßnahmen gegen einen kleinen Kreis von Drückebergern und Schiebern, die mitten im Kriege Frieden spielen und die Not des Volkes zu eigennützigen Zwecken ausnutzen wollen? Seid ihr damit einverstanden, dass, wer sich am Krieg vergeht, den Kopf verliert?« Goebbels in seiner Proklamation des totalen Krieges im Berliner Sportpalast am 18. Februar 1943.

Stefan Kleiczig wildert im Forstrevier Dratzig. Forstwart Bruno Stauber findet im einsamen Wald ein Rad angelehnt an eine Kiefer und in dessen Gepäck zerlegtes Reh. Der Wilderer hat Stauber gesehen und zielt. Kopfschuss. Sofortiger Tod. Kleiczig beraubt den Toten, entkleidet ihn seiner Uniform und versteckt die Leiche. Bruno Stauber

»war während der Kriegszeit zunächst als Hausmeister aus dem Rheinland in den Warthegau abkommandiert. Der Forstmeister in Dratzig hatte sich besonders um seine Ausbildung als Rotwildjäger bemüht. Außerdem schickte ihn die Forstbehörde zur Forstschule in Margonin, an der er die Forstwartsprüfung mit Erfolg ablegte. Seine Familie – er hat zwei Kinder – ist vorläufig in der Heimat geblieben.« Die Gattin eines zur Wehrmacht eingezogenen Kollegen hatte Stauber Quartier gegeben. Sie ist es auch, die Meldung erstattet. Aus Berlin trifft der ermittelnde Kommissar ein. Ein Forstschutzkommando mit 30 Mann erreicht Posen und wird auf die Gegend verteilt. Das zu durchsuchende Waldgebiet umfasst 90.000 Hektar. Alle behördlichen Stellen werden in die Fahndung einbezogen. Die Profile der Stiefel der Fahnder werden alle 14 Tage gewechselt. Kleiczig soll keinen Verdacht fassen können. Dieser aber hat bereits das Revier gewechselt und in Miala Interessierte gefunden. Eine Ivonna Tschelofinka nahm ihn auf. Ihr Mann zur Zwangsarbeit im Deutschen Reich. 39, zwei Kinder. Abnehmer für Fleisch kennt sie reichlich. Nur heimlich klopft Kleiczig an ihre Fenster. Er weiß um die Offensive der Polizei. Er weiß, dass sie ihm gilt. Kleiczig baut »Bunker«, die ihn verstecken. Ein Pilsudski-Bart verdeckt das »Hasenmaul«. Und doch: Am 25. August 1943 ist eine Streife Kleiczig nah auf den Fersen. Nur durch Schüsse kann der Wildschütz entkommen. Die Fahndungsleitung verlegt sofort ihren Sitz. Die Beschlagung der Stiefel zeitigt Resultate: Der Fußabdruck Kleiczigs wird sichergestellt. Und der Täter verlegt im Gegensatz zu seiner Gewohnheit sein Operationsgebiet nicht. So trifft er am 6. September 1943 erneut auf eine

Streife. Diese hat ihn bereits aus der Ferne erkannt, Forstmann Edgar Hirtz war auf Kleiczig bereits im August gestoßen. Die dreiköpfige Streife legt an und schießt ohne vorherige Warnung aus der Nähe auf den Verbrecher. Alle Schüsse gehen fehl.

Am 6. Oktober findet in Posen eine Tagung der Gauleiter, Reichsleiter und Verbändeführer der NSDAP statt. Reichsminister Speer »fordert hierbei die Einschränkung der Herstellung von Gebrauchsgütern für die Wehrmacht und kritisiert, dass zur Zeit noch 512.000 Paar Reitstiefel, 312.000 Paar Offiziersstiefel, 360.000 Diensttaschen für Nachrichtenhelferinnen usw. gefertigt würden. Aus der jährlichen Flaschenproduktion von 730 Millionen Stück gingen 440 Millionen Flaschen allein an die Wehrmacht und die Marine verlange plötzlich 50.000 Offiziersdolche.«

Kleiczig verlässt die Wartheländer Heide. Als Förster, in Staubers Uniform getarnt, begibt er sich unter die Bevölkerung. Er entdeckt den Trick der wechselnden Stiefelprofile und passt sich diesen an. Forstmann Kerner begegnet am 18. September dem unbekannten »Kollegen« ohne Argwohn und mit Interesse. Kleiczig schießt. Kerner hinterlässt Frau und vier Kinder. Der Mörder flüchtet sofort, beraubt den Toten nicht. Er unterlässt es, weil er die Streife der Kommandojäger in nächster Nähe weiß. Entdeckung wäre unvermeidlich gewesen. Die polizeilichen Fahndungsmaßnahmen werden verstärkt. Erfolglos. Stefan Kleiczig ist in seinen »Bunkern« sicher. Die Größe des Gebiets verhindert eine quadratmetergenaue Suche. Und wieder wechselt Kleiczig, und wieder ist er im Forstrevier Dratzig. Am 11. Oktober trifft er dort auf den ansässigen Schuster Kalschitzki; da er diesen des Verrats an die Behörden verdächtigt, zerschießt ihm Kleiczig als Rache die Beine: »Da hast du deine blutigen Zloty für deine Angeberei! Danke deinem Gott, dass ich dich nicht ganz totschieße. Beim nächsten Mal ist es aus mit dir! Sei dir gewiss!« Kleiczig hat Wildbret im Rucksack, als er ans Fenster der Kate klopft. Ivonna Tschelofinka nimmt den Mörder liebend auf. Kleiczig verspricht ihr und Sohn Marek satte Wintermonate.

Solange die Fröste nicht herrschen, nächtigt der gesuchte Mörder in der Natur. Die Polizei narrt er weiter. Dem Kommissar persönlich stellt er Fallen, sendet Botschaften an die Ermittler. Längst hat Stefan Kleiczig seinen Verfolgern und den Grünröcken den Krieg erklärt. Und bislang wich er ihnen trickreich aus, nutzte Landesgrenzen und Revierbefugnisse geschickt. Auch der Unterstützung der Bevölkerung war er meist sicher. Deutsche waren Besatzungsmacht oder wurden als solche empfunden. Krieg und Partisanenkampf wüteten. Geregeltes Leben war unmöglich. Stefan Kleiczig konnte handeln, waren doch die gegen ihn einsetzbaren personellen Kräfte sehr beschränkt. Trotzdem werden die wenigen zur Verfügung stehenden Beamten verstärkt. So läuft am 4. November Ludwig Burghart mit einem Kameraden Streife. Sie entdecken in einem Wildwechsel ausgelegte Schlingen. Burghart kontrolliert auch den nächsten und wird von Kleiczig aus Nahdistanz niedergeschossen. Der Freund kann nicht mehr helfen. Burghart verstirbt. Die einsetzenden Maßnahmen gleichen denen der vorherigen Morde. Spuren werden gesichert. Spuren beweisen: Kleiczig. Der Täter jedoch ist verschwunden. Diesmal fordern Kommissar und Einsatzleitung jede Unterstützung, die das Reichsforstamt gewähren kann. Sie wird gewährt. Die Anzahl der Kommandojäger steigt auf Kompaniestärke. Fünfzehn Mann Feldgendarmerie werden eingesetzt. Die Vollmacht zur Durchsuchung jeden Hauses, jeden Betriebes wird genehmigt. Die Schlussfolgerung lautet: Im strengen Winter kann Kleiczig nicht mehr im Freien nächtigen. Die Offensive startet am 1. Dezember 1943. Sie endet am 31. Januar. Bis zu 150 Mann sind daran beteiligt. Systematisch wird die Gegend durchkämmt. Erfolg ist ihr beschieden: Dutzende illegale Schlachtungen, »Wilddiebereien«, illegaler Waffenbesitz werden festgestellt. Menschen verhaftet und der Gerichtsbarkeit überstellt. Fahnenflüchtige werden aufgegriffen. Denunzianten und »Volksfeinde« überführt. Allein: Stefan Kleiczig ist nicht unter ihnen.

Kleiczig geriet am 16. November in die Hände sowjetischer Partisanen, die außerhalb des Kernfahndungsgebiets Stellung hielten. Kleiczig konnte sich glaubhaft als flüchtender Pole Josef Szanek vorstellen. Die Partisanengruppe beschäftigt ihn, und Kleiczig beeindruckt mit erlegtem Wild. Der Winter bei den Illegalen verläuft ohne Anspannung. Im Frühjahr erst nehmen die Widerstandskämpfer ihre Tätigkeiten wieder auf. Von den Einsätzen kehrt die Mehrzahl der Einheit nicht an den Standort zurück. Er wird gesprengt, Kleiczig in die Freiheit entlassen.

»Die schweren Kämpfe an allen Fronten sind für die gesamte Bevölkerung Gegenstand einer täglich zunehmenden Sorge. Das unerwartete rasche Vordringen der Sowjets ist erschreckend und beschäftigt die Gemüter mehr als alles andere. Im Augenblick erscheint allen die Ostfront auf Grund ganz akuter Gefahren viel wichtiger als der Westen. Die Unmöglichkeit für jeden Einzelnen, die Zusammenhänge zu erkennen und die Frage nach dem Zeitpunkt der immer sehnlicher erwarteten Entscheidung im Westen und einer Wendung im Osten zu beantworten, wirkt so deprimierend, dass nur ein kleiner Teil der Bevölkerung eine unbeirrt zuversichtliche Stimmung bewahrt.« Geheimbericht des SD vom 13. Juli 1944.

Das Überleben ist im Sommer 1944 ungleich schwerer als die Jahre vordem. Die Front rückt näher. Die Panik wird größer. Gräueltaten mehr. Vertrauen schwindet. Fixpunkte im Leben sind nicht mehr. Kleiczigs Unterschlupf bei Ivonna Tschelofinka ist verraten, die Frau verhaftet. Stefan Kleiczig irrt umher. Verwahrlost. Am 6. Juni begegnet er der Forstassessorin Stefania Tilbowska, 31. Stefania arbeitet als Übersetzerin in Posen. Hobby: Reiten. Stefan Kleiczig zielt aufs Pferd. Stefania Tilbowska verliert beim Sturz das Bewusstsein. Sie spürt nicht die Schmerzen der Vergewaltigung. Sie spürt nicht die Hände um ihren Hals. Stefania Tilbowska ist das letzte Mordopfer Kleiczigs.

Diesmal beschließt die Einsatzleitung: Dezente Ermittlung. Die Spuren lassen vermuten, dass Kleiczig nicht mehr vom Wilddiebstahl lebt. Er stiehlt um nicht zu hungern. Vornehmlich einzeln stehende Höfe sind Tatort. Sie werden unter Beobachtung gestellt. Und diese hat am 9. Juni 1944 Erfolg. Stefan Kleiczig wird nach sechs Jahren Todesspur verhaftet. Unblutig. Ohne Aufsehen. Der Griff zur an seinen Oberschenkel gebundenen Waffe wird verhindert. Kleiczig wird ins Zuchthaus Wronke überstellt.

Er zeigt sich reuig. Und doch versucht er mit Gewalt, zu flüchten. Der Diensthabende kann das unter Lebenseinsatz verhindern. Seine Schusswaffe tötet.

»Nur sechs Jahre des Friedens sind uns seit dem 30. Januar 1933 vergönnt gewesen. In diesen sechs Jahren ist Ungeheueres geleistet und noch Größeres geplant worden; so vieles und so Gewaltiges, dass es aber erst recht den Neid unserer demokratischen, nichtskönnenden Umwelt erweckte. Das Entscheidende aber war, dass es in diesen sechs Jahren gelang, mit übermenschlichen Anstrengungen den deutschen Volkskörper wehrmäßig zu sanieren, das heißt, ihn nicht in erster Linie mit einer materiellen Kriegsmacht auszustatten, sondern mit dem geistigen Widerstandswillen der Selbstbehauptung zu erfüllen. Das grauenhafte Schicksal, das sich heute im Osten abspielt, das in Dorf und Markt, auf dem Lande und in den Städten den Menschen zu Zehn- und Hunderttausenden zustößt, wird mit äußersten Anstrengungen von uns am Ende trotz aller Rückschläge und harten Prüfungen abgewehrt und gemeistert werden.« Worte Adolf Hitlers in seiner letzten öffentlichen Rede am 30. Januar 1945.

Artist sucht Partner

Der Fall Berno Henjes, Dresden, 1950

Name:	Henjes
Vorname:	Berno
Geboren:	27.2.1933
Geburtsort:	Gelsenkirchen
Größe:	161 cm
Beruf:	ohne erl. Beruf
Gestalt:	schlank
Haar:	dunkelblond
Bart:	ohne
Schulterneigung:	waagerecht
Gesicht:	oval
Stirn:	hoch, senkr.
Augen:	dunkelbraun
Augenbrauen:	dicht
Nase:	mittel
Ohren:	mittel abstehend
Mund:	voll
Kinn:	rund
Haltung:	gerade
Sprache/Mundart:	Hochdeutsch
Merkmale:	rechts an der Stirn eine Narbe

Urteilsbegründung vom 12. Oktober 1950: »Nach dem
Gutachten des Psychiaters handelt es sich bei [dem 17-

jährigen] Henjes um einen Jugendlichen, dessen Gefühle sich an der Oberfläche befinden und nicht in die Tiefe gehen. Er sei Kokett wie ein Mädchen und achte sehr auf sein Äußeres. Dieser Eindruck wurde auch durch sein Verhalten vor Gericht weitgehend bestätigt, wenn auch die Tat und die Gerichtsverhandlung ihn beeindruckten. Eine Geistesstörung oder eine Geistesschwäche konnte der sachverständige Psychiater nicht feststellen, bejahte jedoch trotz genügender Intelligenz seine Unreife. Auch sei er oberflächlich, spielerisch, egozentrisch und leichtsinnig. Das fand das Gericht im Auftreten ohne Engagement und den Nachfolgendem ›dezenten Einsammeln‹ bestätigt. Der vom Psychiater behaupteten Gefühlskälte widerspricht der rege Briefwechsel zwischen ihm und seinen Angehörigen. Er scheint sich gern als Beschützer zu fühlen. Wahrscheinlich hat es in den vergangenen Jahren an einem festen Halt und einer sachgemäßen Erziehung gefehlt. Weitkamp ist moralisch nicht verloren. Er wird, unterstützt von geeigneten Erziehungsmaßnahmen, sich in ein geordnetes Leben zurückfinden, zumal mit zunehmenden Alter eine gewisse sittliche Reife zu erwarten ist … Die Tat ist vorsätzlich geschehen. Er ist jedoch kein Mörder, da er weder aus Mordlust noch aus Befriedigung des Geschlechtstriebs, aus Habgier oder sonst aus niedrigen Beweggründen tötete, vielmehr wußte er sich in seiner jugendlichen Unreife keine andere Möglichkeit als diese Tat. Trotzdem wurde auch der mildere Fall, verneint, da Henjes nicht ohne eigene Schuld gehandelt hatte, und er weder durch eine Mißhandlung oder schwere Beleidigung auf der Stelle zur Tat hingerissen wurde …«

Zwei Wochen vor Weihnachten, Dezember 1949: Vielleicht saß Berno Henjes in einem Café. Vielleicht las er Zeitung bei Muttern daheim. Vielleicht lag die *Berliner Palette* in der Kantine des Meininger Theaters. Berno ist im Hause Eleve beim Ballett. Auch in anderen Stücken hat er bereits dort auf der Bühne gestanden. Im letzten Schuljahr war jemand in seine Klasse gekommen und hatte die Kinder vom Theater begeistert. Berno ist stimmbegabt und hat sich für die Aufführung des *Wildschütz* gemeldet. »In der Folgezeit habe ich dann weiter als Tanzeleve im Meininger Landestheater mitgespielt. Später wurde dann in Meiningen eine Ballettschule gegründet, und nur Schüler dieser Schule wurden für die Aufführungen im Theater herangezogen. Für diese Schule mußte ich ein monatliches Schulgeld von DM 20,– aufbringen. Ich habe für andere Leute Holz gehackt, Wege besorgt usw., nur um mir dieses Schulgeld zu erarbeiten. Ich wollte Schauspieler werden. Ich habe nie einen Tag Berufsschule besucht, man hat mich auch nie dazu angehalten. Ich weiß nicht, wieso ich darum gekommen bin.« Am Theater fühlt sich der Junge aufgehoben, akzeptiert. Auch ist er erwachsen, eine ältere Balletteuse zeigte dem Eleven Liebe. Die Mutter kann ihren »Großen« finanziell nicht unterstützen. Vier Kinder hat sie zu ernähren. Seit zehn Jahren lebt sie in Meiningen. Seit zehn Jahren ist Bernos Vater vermißt. Auch ihr zweiter Ehemann blieb im Krieg. Die Familie lebt von der Wohlfahrt. Mit Stricken verdient die Mutter ein wenig hinzu. Berno hat fünf Jahre die Schule besucht, für seine Familie ist er jederzeit da. Er liebt die Mutter, die Geschwister. Aber eines war Berno gewiss: Nirgendwo anders als auf einer Bühne möchte er arbeiten. Für diesen Traum tut er alles.

Die *Berliner Palette* ist 1949 eines der wenigen Kulturblätter Deutschlands. Redaktionssitz: Ostberlin, Unter den Linden 54. Die Illustrierte berichtet nicht nur über Kunst in Berlin. Die *Palette* schreibt über neue Kinofilme, über Margot Hielscher, Bruni Löbel, Karl Schönböck als »feschen Paul«. Die Defa kündigt die Dreharbeiten zu *Bürgermeister Anna* an. Drehbuchautor: Friedrich Wolf. Ein neues Varieté-Programm wird im »Haus Vaterland« probiert, die »Neue Scala« bringt Artistik. Der Premierenspiegel zeigt in Dresden die *Optimistische Tragödie*, in Bremen den *Zerbrochenen Krug*, Rostock inszenierte *Wassa Schelesnowa* und Chemnitz *Grube Stern* – das Stück gibt ein »aufschlußreiches Bild eines neuen Arbeitsethos der Bergarbeiter im Donezkgebiet«, geschrieben wurde es vom 24-jährigen Alexander Kornejtschuk. Ein junger Mann. Auch in dessen Heimat hatte der Krieg gewütet. Auch er kunstbegeistert.

Berno liest im Heft vom »Haus der Kinder« in Berlin. »Unweit von dem Bahnhof Frankfurter Allee, Am Stadtpark Lichtenberg liegt es, das große weißleuchtende Paradies, das Haus der Kinder, in dem sich Träume der frühbegabten Kleinen erfüllen, Unterricht in den ihren Neigungen entsprechenden Fächern zu erhalten. Da herrscht blitzende, tadellose Sauberkeit auf allen Fluren, die Klassenzimmer sind Oasen moderner Pädagogik und überall studieren die kleinen Kursteilnehmer mit Eifer und Liebe zur Sache … Alle diese Kinder können ihre Talente in ernster Arbeit unter fachkundiger Leitung entwickeln und fördern, sie sind nicht auf die Einkommensverhältnisse im Elternhaus angewiesen, denn der Unterricht ist kostenlos. ›Wir erstatten ihnen sogar das Fahrgeld‹, sagt Herr Fölster in Vertretung des Direktors, ›und an unserem Unterricht kann jedes Kind aus jeder Wohngegend, ganz gleich ob Ost- oder Westsektor, teilnehmen. Die Zentralverwaltung für Volksbildung hat diesen großzügigen Plan ins Werk gesetzt‹ … Es macht Freude, überall die eifrigen Gesichter der Kinder, auf denen sich in den Pausen ein glückliches Lächeln zeigt, zu sehen. Man spürt, daß die Kinder ganz organisch ihren Anlagen entsprechend in einen Beruf hineinwachsen, dem sie leidenschaftlich ergeben sind und der deshalb nicht in erster Linie Broterwerb für sie ist.« Chorgesang und Blockflöte. Malerei und Fotoklasse. Abteilung Technik. Arbeitsgemeinschaft Biologie. Auch ein Ballettkurs steht im Programm. Auf dem Foto sieht man die Eleven in Reihe. Ein Junge ist mit gutem Willen zwischen den Mädchen erkennbar. Würde Berno Henjes gern den Kurs belegen? Meiningen hat kein »Haus der Kinder«. Meiningen ist der *Palette* keine Zeile wert.

Vielleicht blättert Henjes weiter, liest Heirats-Anzeigen: 32-jährige von Künstler geschieden. Wassersportler, geistig lebhaft, kriegsbeschädigt. Männer und Frauen suchen Gedankenaustausch und Briefwechsel. Kauf und Verkauf. Fernkurs in doppelter Buchführung und Bilanztechnik nach den Grundsätzen der Neuzeit. Berno Henjes liest: Stellenangebote. Berno ist 17 und hofft, dass ihn dies eine in seiner beruflichen Laufbahn schneller voran bringen wird: »Junger Artist sucht dringend Partner (16 bis 23 Jahre) für gute Nummer. (Steptanz und Balance-Akt), evtl. auch Anfänger. Interessenten persönlich oder schriftlich mit Bild, Größen- und Gewichtsangabe an Roiko Naubitz, Dresden A-40, Windbergstr. 30.« Berno wird sich die Adresse notieren. Er wird Herrn Naubitz in Dresden schreiben. Herr Naubitz antwortet sofort mit einem Telegramm: »Engagiere als Partner – 14 Tage Probezeit – Wohnung und Kost frei – erwarte Sie Sonnabend 21. In Berlin – Roiko Naubitz.« Berno fährt nach Berlin.

»Am 21. Januar dieses Jahres lernte ich Herrn Rolf Metanowicz in Berlin auf Grund einer von ihm gestellten Vakanz kennen. Er hatte dort im Westen ein Engagement in einer Bar *Eremitage*. Er war mit mir zufrieden, und wir wollten einen Vertrag abschließen … Gleich am ersten Tag, bat mich Metanowicz mit ihm aufzutreten. Alleine machte ihm seine Nummer keinen Spaß mehr. Er lieh mir seine Steppschuhe … Er erhielt keine feste Gage, sondern ist nach seinen Aufführungen mit einem Teller durch die Reihen der Gäste gegangen und hat eingesammelt. Ich habe mich dagegen gesträubt … Mir kam es auch als Bettelei vor … Auf meine Vorwürfe, daß ich mir das nicht so vorgestellt habe, machte er mir klar, daß es an der derzeitigen Lage liegt und es schwer sei, ein festes Engagement zu bekommen. Seine artistische Nummer war bestimmt nicht schlecht, es steckte viel Arbeit dahinter. Die ersten 14 Tage erhielt ich kein Entgelt, er hat für mich alles Lebensnotwendige besorgt. Täglich haben wir in drei, vier lokalen im Westsektor gearbeitet. Für 2,– Mark kauften wir im Westsektor ein, das übrige Westgeld tauschten wir in Wechselstuben für Ostmark ein. Brot wurde in der HO gekauft. Als die 14-tägige Probezeit um war, erklärte ich mich auch weiterhin bereit, mit Rolf zusammenzuarbeiten, von dieser Zeit ab erhielt ich die Hälfte des eingesammelten Geldes.«

Auch Naubitz ist jung, 23. Beim Auftritt harmonieren beide. Die jungen Artisten zeigen fortan unter dem Namen »Die Roikos« ihre Kunst. Mitte Februar »kehrten wir über Leipzig nach Dresden zurück. Hier hat Naubitz seine Eltern wohnen. Sein Vater betreibt ein selbständiges Baugeschäft ... Dort wohnte er bei seinen Eltern vorn und ich im Hinterhaus bei einer Bekannten in der Küche auf einer kleinen Couch.« Das Haus der Naubitzens ist auf der Windbergstraße an den Südhängen Dresdens. Im Hinterhaus ist eine Schmiede, darüber wohnt Elsa Müchel, die Freundin der Familie. Die Küche ihrer kleinen Wohnung hat einen separaten Eingang und wird für Berno das »eigene« Zimmer. Hier sitzen die Kollegen, spielen das »Hütchenspiel« oder schwatzen, wenn sie nach dem Auftritt noch nicht Ruhe finden können oder wollen. Wenn sie bei Roikos Eltern im Vorderhaus sitzen, schilt Mutter Naubitz wegen des Stromverbrauchs mitten in der Nacht. Im Hinterhaus kann die Mutter das brennende Licht nicht sehen. In Dresden »hatte Roiko keinen Vertrag, wir arbeiteten ... wieder gegen dezentes Einsammeln‹ in verschiedenen Gaststätten.«

Berno Henjes wird in Roikos Familie integriert. Der Vater schimpft zwar lautstark auf den Lebenswandel seines Sohnes, bietet ihm aber zum wiederholten Male den Eintritt in sein Unternehmen an. Doch Roiko lehnt ab, es fallen harte Worte. Ein Ritual zwischen Vater und Sohn. Zu ernsthaften Streitigkeiten, gar Gewalt, ist es niemals gekommen. Da Berno in Dresden nicht gemeldet ist und deshalb keine Lebensmittelkarte besitzt, kocht Mutter

Naubitz meist Mehlsüppchen für die »Kinder«. Die gehen für gewöhnlich gegen acht Uhr abends aus dem Haus. Nach Mitternacht oder morgens mit der ersten Bahn kehren sie zurück. Alltag – bis Berno Henjes am Freitag, den 3. März 1950, ¾ zwölf Uhr Mittags, die Küche im Vorderhaus betritt.

Auf Roikos Bruder Peter machte Berno den Eindruck »als hätte er die Nacht durchgesoffen«. Hemd und Hose standen offen. Berno setzte sich an den Tisch und fragte immer wieder: »›Wo bin ich, wo bin ich? Was haben sie mit uns gemacht?‹ Ich wollte ihm erst entgegnen: ›Mensch, mach kein Theater und sage, was los ist.‹ Meine Mutter fragte: ›Wie siehst du aus? Was ist mit Roiko los? Warum kommt er nicht rüber?‹ Darauf antwortete er: ›Gehen Sie nur rüber.‹ Er saß gebeugt am Tisch und legte die Schlüssel vor sich hin. Jede weitere Frage beantwortete er mit: ›Gehen Sie nur rüber, gehen Sie nur rüber.‹ Nun sagte er auch: ›Ich habe Hunger, ich habe die ganze Nacht nichts gegessen.‹«

Peter Naubitz findet seinen Bruder in Bernos Zimmer im Hinterhaus. Auf dem Bett. In Schlafkleidung. Tot. Die Leichenstarre ausgeprägt. Peter Naubitz kehrt zurück: »Wie kann so etwas passieren!?« Man verständigt die Polizei. Dieser plötzliche Tod des Artisten Roiko Naubitz veranlasst weitere Ermittlungen. »Es wird eine Lebensmittelvergiftung vermutet. Es besteht der Verdacht auf Mord.« Die Mordkommission trifft gegen 6 Uhr abends auf der Windbergstraße 30 ein.

»Der Tatort ist ein rechteckiges Zimmer, daß sich im 1. Stockwerk des Hinterhauses Windbergstr. 30 befindet und zwar stellt dieses die Küche der Frau Müchel, der einzigen Bewohnerin des Hinterhauses dar. Diese Küche hat einen separaten Eingang, genau wie die übrigen Zimmer, die von Frau Müchel bewohnt werden. Die Küche ist mit nur einem Fenster versehen. Der Raum ist 3,20 m tief und verbreitert sich im letzten Drittel. Von 1,65 m auf 2,80 m so, daß ein sechseckiges Zimmer entsteht. Es herrscht in dem Zimmer eine allgemeine Unordnung. Gebrauchtes Geschirr steht herum. Das gegenüber der Tür befindliche Fenster ist mit zugezogenen Gardinen versehen. Unterhalb dieses Fensters steht ein 1,60 m langes und 0,65 m breites Chaiselongue, auf diesem liegt ein Federunterbett. Ein Stuhl am Fußende verlängert diese Lagestätte, auf der der Tote mit Unterhose und Hemd bekleidet auf dem Rücken liegt. Vor der Lagerstätte befinden sich zwei Haufen erbrochenen Makkaroni. Davor auf der linken Seite des Zimmers steht ein Stuhl und daneben ein Tisch, auf dem zurechtgelegte Schnitten, bestrichen mit Aufstrichpaste, liegen. Gleich neben der Tür links befindet sich ein Gasautomat mit 10-Pfennigstückeinwurf. Dieser bedient einen zweiflammigen Gaskocher, der sich rechts von der Tür befindet. Ebenfalls auf der rechten Seite steht ein Küchenascheherd. Auf dem Herd steht ein 20-l-Topf, in dem ein Bettuch eingeknüllt ist. Es befindet sich jedoch kein Wasser in dem Topf. Der Schornstein, der sich an den Küchenherd anschließt, beginnt vom Fußboden ab und ist auf eine 13er Ziegelwand aufgesetzt. Die Rußglocke ist mittels Zeitungspapier gut abgedichtet. An diesen Schornstein ist der im anschließenden Wohnzimmer befindliche Kachelofen angeschlossen, der jedoch zu der fraglichen Zeit, ebenso wie der Küchenofen, nicht benutzt wurde, da sich die Bewohnerin Frau Müchel zur Zeit im Krankenhaus befindet. Am Haupthahn befindet sich ein Zettel mit der Aufschrift: ›Bitte hier zudrehen, da sonst Gas ausströmt.‹ Dieser Hahn ist geschlossen. Im Küchenofen befinden sich eine große Anzahl gebrauchter Streichhölzer und Zigarettenkippen. In den 2,50 m hohen Zimmer befindet sich außerdem noch elektrisches Licht.« Es stellen sich Fragen. Natürlich sieht Roiko Naubitz' Tod nicht aus.

Berno Henjes schildert den vergangenen Mittwoch: »Ich kann mich genau entsinnen, daß wir abends ziemlich spät, ungefähr gegen 21.00 Uhr zu unserer Arbeit in die Stadt fuhren. Wir traten im Hotel Anton, Weißeritzstr. auf. Wir waren dort nicht verabredet und fragten die Chefin, ob wir auch an diesem Abend den Gästen unsere Nummer zeigen durften. Vor unserem Auftritt aßen wir. Gegen 23.00 Uhr verließen wir dieses Lokal und gingen zu *Brettschneider*, auch dort hatten wir schon mehrfach Auftritte. Um 24.00 Uhr hat die Kapelle eine Pause, und in dieser Zeit zeigten wir wieder unsere Künste. Ein Herr von der Landesbühne bat uns zu sich an den Tisch. Wir kamen in ein Gespräch. Er gab uns eine Anschrift von dem Veranstaltungsleiter der deutschen Volksbühne, wohin wir uns zwecks eines Engagements wenden sollten. Da wir knapp bei Kasse waren, leisteten wir uns gemeinsam nur ein Glas dunkles Bier. Gegen 3.00 Uhr hat uns dann de Kraftfahrer, dessen Namen ich nicht kenne, mit seinem Wagen nach Hause gefahren, damit wir nicht bis nach Gittersee laufen müßten. Zu Hause angekommen, gingen wir beide gemeinsam in mein kleines Zimmer ins Hinterhaus. Wolf ging nochmals vor zu seinen Eltern und wollte Brot holen. Er kam auch sofort wieder zurück. Wir machten uns

Schnitten zurecht. Plötzlich wurde uns beiden schlecht. Beide hatten wir gebrochen und sind dann eingeschlafen Genaue Uhrzeiten kann ich nicht angeben, weil ich keine Uhr habe. Das Zimmer wird nicht geheizt. Seit drei Wochen wohne ich darin und so lange kann ich mich nicht entsinnen, daß der Ofen in dem Zimmer einmal geheizt war. Das Zimmer befindet sich in der ersten Etage. Im Erdgeschoß ist eine Schmiede. Trotzdem habe ich nichts gemerkt, daß etwa durch ein Schmiedefeuer die Wände erwärmt worden wären. Solange ich darin wohne, ist es mir auch noch niemals schlecht geworden.

Ich bin erst am Freitag gegen 11.00 Uhr vormittags aufgewacht [nach anderthalb Tagen]. Mein Partner lag tot neben mir. Ich selbst fühlte ein sehr starkes Übelkeitsgefühl. Ich war so schwach, daß ich zum Anziehen bald eine Stunde Zeit brauchte. Ich hatte wahnsinnige Kopfschmerzen und Ohrensausen. Ich hatte direkt schwer gehört. Ich bin dann vor zu den Naubitz' in die Wohnung getorkelt. Der Bruder von Roiko ist dann als erster nach hinten und hat seinen toten Bruder gesehen. Ich habe mich gar nicht getraut, den Eltern zu sagen, daß Roiko tot ist ...

Zwischen mir und Roiko hat stets ein gutes Einvernehmen geherrscht. Trotz der Schwierigkeiten in Bezug auf unseren Broterwerb in unserem Artistenberuf wollten wir zusammen bleiben. Meine Aussagen entsprechen der Wahrheit, was ich mit meiner Unterschrift bestätige: Berno Henjes.«

Das Erbrochene wird untersucht. Schadstoffe werden nicht festgestellt. Das Sektionsprotokoll stellt als Todesursache Kohlenmonoxidvergiftung fest. Eine Lebensmittelvergiftung scheidet aus. Kohlenmonoxid – bleibt nur der Gasautomat. Denn die »Brandkommission stellt fest: Nach den baulichen Gegebenheiten und durch die Tatsache, daß die Öfen in den letzten Tage nicht geheizt wurden, kann kein Kohlenoxydgas durch Verbrennen von Heizmaterial in den Raum gelangt sein.« Tatsache: Roiko Naubitz ist tot. Selbstmord? Mord? Gar Doppelmord? Berno sagt: »Als ich nach Roikos Hand fassen wollte, kam der ganze Arm. Ich habe eben ein stärkeres Herz.«

Wer hat ein Motiv zu töten? Mit seinem Vater hatte Roiko tags vorher gestritten. Die Emotionen kochten. Roiko schrie: »Ich brauch' Euch überhaupt nicht mehr!« Der Vater schrie: »Ich werde dich nicht mehr unterstützen!« Und wirklich und immer wieder hatte der Vater Roiko Geld zugeschoben. Bis nach Berlin hat er es seinem Sohn gebracht. Alle maßen den lauten Worten keine Bedeutung bei.

Zeugen aus dem *Brettschneider* sagen aus. Eine Tanzpartnerin hat bei Roiko Schwermut bemerkt. Als sie ihn fragte: »Was ist?«, bekam sie zur Antwort: »Reden wir nicht davon.« Für sie scheint Selbstmord nicht ausgeschlossen. Berno poussierte am Abend mit Anna Elisabeth Marschner. Ein Kuß und Händchenhalten. Sie schlug Berno vor, doch gemeinsam bei ihr zu schlafen. Berno schien unschlüssig. Der Saxophonist der Kapelle wollte ihr anderes beweisen: »Bubi, es gibt noch was Schöneres als Frauen.« Berno ging auf das eindeutig sexuelle Angebot nicht ein. »Ich dachte mir gleich, der wolle mich testen.« Der Kraftfahrer der Landesbühnen fuhr die zwei »Roikos« nach Hause und wiederholte das Angebot vom Engagement bei der *Deutschen Volksbühne*. Dort stellt man Programme zusammen und fährt übers Land. Kultur auf die Dörfer! Berno wollte Roiko überzeugen. Sie hätten so sichere Einkünfte. Ein »dezentes Einsammeln« entfiele. Das Bier könnten sie des Abends trinken und müssten sich nicht ein Glas teilen. Mordmotive?

Berno Henjes ist im Fokus der Ermittler. Zumal »bei den von hier aus durchgeführten Ermittlungen festgestellt [wurde], daß Henjes weder eine Aufenthaltsgenehmigung noch polizeiliche Meldung hatte für Dresden. Laut Fernschreiben vom 7. 3. 1950 ist Henjes in Meiningen gemeldet. Anhängig ist er lt. demselben Fernschreiben dort nicht gewesen. Es wurde lediglich mitgeteilt, daß er als Tanzeleve in dem dortigen Landestheater tätig ist und sich angeblich auf Gastspielreise befindet. Im vorliegenden Falle ist einwandfrei festgestellt worden, daß der Henjes sich unerlaubt von seinem Heimatort entfernt hat und hier ohne jede Genehmigung als Artistenlehrling in Dresden gemeinsam mit dem Roiko Naubitz aufgetreten ist.«

Vorbei die Lügen. Am 16. März streitet Berno Henjes nichts mehr ab und gibt im Geständnis zu Protokoll. »Ich bedaure, daß ich nicht der Polizei von vornherein die Wahrheit gesagt habe. Ich habe keine Angst vor der Strafe, sondern schäme mich so ... Natürlich das andere auch. Ich hatte den Gedanken, dafür mußt du bestraft werden, der Gedanke abzuhauen, ist mir nicht gekommen. Ich hatte auch nicht die Absicht oder den Mut, mich selbst zu stellen, d.h. der Gedanke dazu ist mir nicht gekommen ...

In den ersten Tagen unserer Anwesenheit in Dresden waren wir mit der letzten Bahn gegen 24.00 Uhr in unserer Wohnung angekommen. Weil wir noch nicht müde waren, spielten wir mit dem ›Hütchenspiel‹. Das ›Hütchenspiel‹ ist ein Würfelspiel nach der Art des ›Mensch ärgre dich nicht‹. Wir machten es hinten in meinem Zimmer, da Rolfs Eltern immer wegen des vielen Lichtverbrauches schimpften. Wir zogen uns beide aus. Ich hatte das Hemd und Roiko meines Wissens nach Hemd und Unterhose an … In dieser Nacht näherte sich Roiko mir das erste Mal geschlechtlich. Wir spielten gegenseitig mit den Händen an unseren Geschlechtsteilen, bis es bei uns zum Erguß kam. Wir schliefen dann bis zum nächsten Morgen. Dann ging der Tagesablauf wie üblich weiter, Proben und abends wieder Auftritte in verschiedenen Gaststätten … Einige Tage später schlief Roiko wieder mit mir auf meinem schmalen Schlafsofa. Hierbei kamen wir wieder geschlechtlich in Verbindung, in dem er sein Geschlechtsteil in meinen After einführte. Wieder kam es bei beiden zum Erguß. Ich weiß gar nicht, wie es kam, ich war dann wie in einen gewissen Bann von Roiko gelangt. Ich habe so etwas nie bisher getan. Das Komische an der Sache war, daß ich ihn gar nicht verabscheuen konnte. Ich weiß selbst nicht, wie das kam. Diesen Akt, wie das letzte Mal haben wir ungefähr drei bis vier Mal vollzogen …«

Am Mittwoch waren sie aufgetreten, und der Abend verlief, wie ihn Berno geschildert hatte. Er hatte Roiko gebeten, sich mit ihrem Programm bei der *Deutschen Volksbühne* vorzustellen. Es brächte sicheren Lohn. Doch Roiko blieb skeptisch und ließ sich nicht überzeugen. »Bereits vorher hatte er mir gesagt, daß wir in Westberliner Lokalen nackend auftreten wollten. Ich war davon nicht erbaut. Über diesen Punkt ist mehrmals Streit entstanden, weil ich das keinesfalls mitmachen wollte. Ich wollte Roiko zu diesem Engagement bei der Landesbühne zureden, aber er sagte, daß solch eine Tournee zu sehr anstrenge, in Westberlin könnten wir uns unser Geld leichter verdienen …

Ich sagte, daß er doch vorgehen solle zum Schlafen, Roiko entgegnete jedoch: ›Nein, die sollen vorne sehen, daß ich auch ohne sie durchkomme.‹ Daher blieb er noch mit hinten. Während er vorn war, hatte ich mich bereits ausgezogen und ins Bett gelegt, ich hatte nur Hemd und meine Schamhöschen an. Als Roiko mit Kaffee und Brot zurückkam, ist er ziemlich stürmisch geworden, zog sich aus und kam mit zu mir auf das Sofa. Es begann wieder der Verkehr, wie lange dieser Akt andauert, vermag ich nicht zu sagen. Bei beiden ist es wieder zum Erguß gekommen. Ich habe mein Sperma mit dem Taschentuch aufgefangen, während er seins in meinen After laufen ließ.

Ich muß mich noch heute vor Ekel schütteln, wenn ich daran denke. Nach diesem Verkehr hatte ich einen Ekel und ein ganz komisches Gefühl in mir. Ich mußte jedesmal an meine Mutter denken, die mich vor so etwas gewarnt hatte. Roiko schlief bald ein, während ich gar nicht einschlafen konnte, so war ich innerlich erregt, ich war so müde, daß ich hätte Streichhölzer in meine Augen klemmen können, und ich konnte trotzdem nicht einschlafen. Ich stand auf vom Bett, zog mich an und drehte den Gashahn auf. Dann verließ ich das Zimmer und setzte mich auf die Treppe.

Als ich noch im Hemd neben Roiko lag, kam mir der Gedanke, die Tat so auszuführen, wie ich sie tatsächlich beging. Ich wußte mir keinen anderen Ausweg, wie ich von Roiko loskommen sollte. Ich vermag es in Worten nicht auszudrücken, was eigentlich meine Gedanken waren, die mich zu dieser Tat führten. Ich dachte daran, welch Gefallen Roiko an diesem Akt habe, und wie ich ihm bereits gesagt habe, daß mir das zuwider war. Ich dachte an meine Mutter und meine Freundin in Meiningen. Es war so ein Gedankenblitz, ohne daß ich jetzt imstande wäre, diesen Gedankenblitz begrifflich in Worten wiederzugeben. Ich habe dann des Gashahn an der Leitung und den Hahn am Kocher auf ›Auf‹ gestellt. Das Licht ließ ich brennen. Gleich wenn man aus dem Zimmer herauskam, habe ich mich auf die oberste Treppe des Hausflurs gesetzt. Ich kann nicht angeben, wie lange ich da gesessen habe. Ich muß etwas eingeschlafen sein. Ich kann nicht sagen, welche Tageszeit in diesem herrschte. Als ich erwacht war, bin ich in die Küche zurück. Ich sah nun, was ich angerichtet hatte … Ich bin auf gar keinen vernünftigen Gedanken mehr gekommen, ich heulte dann wie ein Schloßhund. Das Fenster hatte ich den ganzen Tag über offen gelassen. Ich habe den ganzen Tag über im Zimmer gesessen und vor mich hingestiert und wollte Erklärungen von mir selbst haben …

Die ganze Nacht vom Donnerstag zum Freitag habe ich in der Küche auf dem Stuhl gesessen. Das Licht ließ ich brennen. Ich mußte unverwandt auf Rolf stieren. Der Gedanke an Wiederbelebungsversuche durch dritte Hand ist mir nicht gekommen. Ich selbst habe ihn gerüttelt und geschüttelt und beim Namen gerufen. Als ich in das Zimmer zurückkam, war er jedoch schon tot … Am Freitagvormittag bin ich dann vor in die elterliche Wohnung von Roiko gegangen. Ich hatte mir nicht irgendwelche Ausreden zurechtgelegt, wie dies hätte passieren können. Daß meine Tat herauskommt, wußte ich, nur vor den Eltern … (Schulterzucken)«

In der Untersuchungshaft begreift Berno Henjes das Endgültige seiner Tat. Er bedauert. Er sorgt sich um seine Familie. Er schreibt. Er schreibt am 9. Mai:

»Meine geliebte Mutti!

In keinem Deiner lieben Briefe fehlt die Frage: »Warum hält man Dich fest?« – nun lb. Mutti, es fällt mir nicht leicht, Dir diese Frage zu beantworten. Doch ich weiß, Ungewißheit ist ein schweres Laster. Doch bevor Du es erfährst, versprich mir, Dir keine unnötigen Sorgen zu machen, denn sie sind unnötig, schaden Dir nur. Und wir brauchen Dich doch noch lange, die Kleinen, & wenn ich wiederkomme, ich auch. Also lb. Mutti, ich bin am Tode des Herrn Naubitz schuld, ja, ich bin schuldig. Aber deßhalb noch kein Verbrecher. Mutti, man behandelt mich auch nicht im geringsten so, ganz im Gegenteil. Aber ich bitte Dich, frag nicht warum & wieso, ich schreib' es Dir ein andermal, später. Du mußt aber, verzeih, daß Dir Dein Sohn solches sagt, vernünftig sein, & die Gedanken ruhen lassen. Immer nur <u>lieb</u> an mich denken, dann wird's leichter. Und ich weiß, Du wirst mich nicht verachten, ich bleibe Dein lieber Junge. Das war Schicksal, Mutti, & dem kann man nicht entgehen. Ich bete fleißig, & ihr tut es auch für mich, & so vergeht die böse Zeit, die ich nicht bei Euch sein kann, viel schneller. Denn es wird schon ein Weilchen dauern. Aber Dein ›Stropp‹ ist ja bei Euch, immer, nur daß Ihr ihn nicht seht. Also, meine geliebte Mutter, Du weißt jetzt die Hauptsache, & daß ich etwas ›Unrechtes‹ getan habe, muß ich dafür büßen, aber beruhige Dich, so schlimm wird's nicht werden. Sei stark, ich bin's auch.

So, & nun bedank ich mich noch für Deine lieben Briefe, am 27ten habe ich vier auf einmal bekommen, den letzten vom 25.IV., am 6.V. Schreib mir nur so oft Du kannst. Du glaubst ja nicht, wie gut das tut, einen lb. Gruß von Dir in der Hand zu haben. Aber frag nicht mehr wegen dieser ›Sache‹; Nein?, schreib von Euch, nur von Euch. Nun, meine lieben Kleinen sollen auch nicht vergessen sein. Vor allem das Geburtstagskind. Mein Trudchen, ich gratuliere Dir zum Geburtstag und wünsch' Dir alles, alles Gute. Es freut mich, daß Ihr wieder ein Kätzchen habt, passt nur schön auf, damit es nicht wieder verschwindet. Renate hat auch am 18. Geburtstag, wenn ich nicht nochmal schreiben sollte, dann gratulierst Du bitte auch in meinem Namen, Mutti, gelt? Ich muß ehrlich sein, ich freue mich aufs nächste Paket, lb. Mutti: Ach, ich bin Dir ja so dankbar, & ich mach das alles wieder gut, alles, auch dies, wovon Du heute erfuhrst. Wenn dies auch nicht <u>so</u> geht, wie ich gerne möchte. So, nun bitt' ich Dich nochmal, denk' nicht soviel, sonst hab' ich hier keine Ruh' Aus jedem Wort, das Du niederschreibst, sprechen Deine Sorgen um mich, aber das muß anders werden. Man ist hier gut zu mir, bestimmt, & auch ich versuche, immer recht lieb & nett zu sein, wie Du's von mir verlangst –

Also meine Lieben, seid für heute ganz herzlich lieb gegrüßt von Eurem Berno

Gruß an Meinert, aber schweigen wir über dies, Mutti, ja bitte, das brauch niemand zu wissen, auch die Kinder nicht, Bitte!!!«

»Nach dem Gutachten des Psychiaters handelt es sich bei Henjes um einen Jugendlichen, dessen Gefühle sich an der Oberfläche befinden und nicht in die Tiefe gehen. Er sei Kokett wie ein Mädchen und achte sehr auf sein Äußeres. Dieser Eindruck wurde auch durch sein Verhalten vor Gericht weitgehend bestätigt, wenn auch die Tat und die Gerichtsverhandlung ihn beeindruckten. Eine Geistesstörung oder eine Geistesschwäche konnte der sachverständige Psychiater nicht feststellen, bejahte jedoch trotz genügender Intelligenz seine Unreife. Auch sei er oberflächlich, spielerisch, egozentrisch und leichtsinnig. Das fand das Gericht im Auftreten ohne Engagement und den Nachfolgendem ›dezenten Einsammeln‹ bestätigt. Der vom Psychiater behaupteten Gefühlskälte widerspricht der rege Briefwechsel zwischen ihm und seinen Angehörigen. Er scheint sich gern als Beschützer zu fühlen. Wahrscheinlich hat es in den vergangenen Jahren an einem festen Halt und einer sachgemäßen Erziehung gefehlt. Weitkamp ist moralisch nicht verloren. Er wird, unterstützt von geeigneten Erziehungsmaßnahmen, sich in ein geordnetes Leben zurückfinden, zumal mit zunehmendem Alter eine gewisse sittliche Reife zu erwarten ist.

Henjes, der als 16-Jähriger ein Liebesverhältnis mit einer Kollegin vom Ballett unterhielt, wobei es auch zum Verkehr zwischen ihnen kam, hatte zwar nicht die Energie, den sexuellen Anforderungen Widerstand entgegenzusetzen, es ist jedoch durchaus glaubwürdig, daß es nach der Päderastie von einem heftigen Ekel- und Haßgefühl erfaßt wurde. Dies ist besonders in den Morgenstunden des 2.3.1950 bei Henjes vorhanden gewesen und hat, ohne daß ihm schon vorher einmal ein derartiger

Gedanke gekommen wäre, zur Tötung des Roiko Naubitz geführt.

Die Tat ist vorsätzlich geschehen. Er ist jedoch kein Mörder, da er weder aus Mordlust noch aus Befriedigung des Geschlechtstriebs, aus Habgier oder sonst aus niedrigen Beweggründen tötete, vielmehr wußte er sich in seiner jugendlichen Unreife keine anderen Möglichkeit, in Zukunft den sexuellen Ausschweifungen des Roiko Naubitz zu entgehen, als diese Tat. Trotzdem wurde auch das Vorliegen des §21(7?) StGB, der mildere Fall, verneint, da Henjes nicht ohne eigene Schuld gehandelt hatte, und er weder durch eine Mißhandlung oder schwere Beleidigung auf der Stelle zur Tat hingerissen wurde, da er sich vor der Begehung der Tat nach seinem eigenen Geständnis 3 bis 4 Mal von Roiko Naubitz geschlechtlich gebrauchen ließ.

Der Angeklagte, der nach dem persönlichen Eindruck den er in der Hauptverhandlung gemacht hat und nach Sachverständigen Gutachten, bei Begehung der Tat die nach §3 RJGG erforderliche Einsicht und Willensfähigkeit besessen hat, war daher für schuldig zu befinden, vorsätzlich einen Menschen getötet, die Tötung aber nicht mit Überlegung ausgeführt zu haben, Verbrechen nach §212 StGB, verbunden mit §3 RJGG und demgemäß zu bestrafen.

Urteil im Namen des Volkes!
Der am 27.2.1933 in Gelsenkirchen geborene jugendliche Angeklagte Friedel Wilhelm Weitkamp wird wegen Totschlags zu 5 – fünf – Jahren Jugendgefängnis kostenpflichtig verurteilt.«

Verstockt bis zuletzt

Der Fall Thomschke, Radeburg, 1964

Der Putz hat rosa Farbe, die Schrift über Fenstern und Tür ist golden. Auf einer Tafel kann der Gast die Mahlzeiten lesen. Vielleicht machen sie Appetit. Das Restaurant *Zum Hirsch* hat zentrale Lage am Markt zu Radeburg. Die Atmosphäre rustikal. Die Bedienung freundlich. Vor vier Jahrzehnten nannte der Volksmund die Einkehr *Hammerschänke*. Die Wirtin ward mit dem Werkzeug erschlagen. Der Wirt mit einem Riemen erdrosselt. Die Leichen fand man im hauseigenen Brunnen. Kopfüber waren sie hineingestopft. Entgegen sozialistischer Verschwiegenheit bei Gewaltdelikten, meldete der VP-Funk schnell: »1000 MDN Belohnung – In der Nacht vom 2. zum 3. November 1964 wurde das Gastwirtsehepaar Thomschke in seinem Grundstück in Radeburg bei Dresden das Opfer eines Verbrechens. Zur schnellen Aufklärung der Straftat wendet sich das Untersuchungsorgan an die Bevölkerung und bittet um Mithilfe bei der Ergreifung des Täters. Es wird gebeten, alle Wahrnehmungen, die im Zusammenhang mit dem Verbrechen stehen können und die auf Wunsch vertraulich behandelt werden, an die Volkspolizeidienststelle Radeburg oder an jeder andere Volkspolizeidienststelle zu melden. Die Belohnung wird für Angaben, die zur Aufklärung des Verbrechens führen, ausgesetzt. Die Auszahlung erfolgt unter Ausschluß des Rechtsweges.« Der Doppelmord in der Kleinstadt war Thema nicht nur vor Ort. Über Aufklärung, Prozess und Urteil wurde en détail berichtet. Die Alten erinnern sich. Ansonsten sind die Spuren der Bluttat getilgt.

Radeburg liegt vor den Toren Dresdens. 1226 findet es erstmals Erwähnung. Im Mittelalter war die Bedeutung dieser Stadt größer als die Meißens oder Dresdens. Doch Politik und Geschichte ließen diesen Ort vergessen. Sehenswert sind heute Postmeilensäule, Schloss und Schmalspurbahn. Das Heinrich-Zille-Museum hat geöffnet, der Maler mit markantem Strich und Urberliner Herz und Schnauze ward vor Ort geboren. Die Straße ist nach ihm benannt. Touristen suchen hier Erholung. Die Teichlandschaft lässt Wandern, Angeln, Schwimmen. Schlagzeilen macht Radeburg einmal im Jahr, dann ziehen die Narren durch die Stadt. Sonst wird kaum über diese Stadt berichtet. 1964/65 war dies anders.

»›Ich habe mit dem Mord nichts zu tun, und ich kann auch nicht sagen, wer der Täter ist‹; behauptete der eines doppelten Raubmordes angeklagte 24jährige Klaus Schuricht aus Radeburg. Er vertrat diese Meinung auch noch, als ihm das Bezirksgericht Dresden den nach einem mehrtägigen, mit größter Gewissenhaftigkeit geführten Prozeß das letzte Wort gab. Offen und voller Reue stand dagegen die wegen Eigentumsdelikten angeklagte Ehefrau Ursel Schuricht zu ihren Taten. Hier fühlte jeder, sie will ein ehrlicher, sauberer Mensch werden. Sie gestand von sich aus Diebstähle ein, zu denen sie teilweise die mangelnde Sorge des Klaus Schuricht um seine vierköpfige Familie veranlaßte. Und sie war es auch, die den

Untersuchungsorganen und dem Gericht in allen Einzelheiten den Ablauf der grausigen Tat schilderte, so wie sie ihr von ihrem Manne am Morgen nach der Mordnacht berichtet worden war.«

Donnerstag, 5. November 1964, morgens 9 Uhr. Margarethe Tillmann schließt die Tür vom Hotel *Zum Hirsch*. Sie möchte säubern. Zwei Tage hatte das Lokal geschlossen. Ruhetage. Am Freitag soll im Saal zum Tanz aufgespielt werden. Jugend wird reichlich erscheinen, Uve Schikora hat sich angesagt, einer der prominenten Musiker der DDR. Margarethe Tillmann wird Gaststätte und weitere Räumlichkeiten vorbereiten. Das ist ihr Job. Sie wundert sich nur, dass sie die Wirtsleute Paul und Elsa Thomschke noch nicht sah, sonst geben sie ihr stets noch die Hinweise, wo besonders gründliche Reinigung Not tut. Das Haus bleibt merkwürdig still. Bereits am Dienstag hat Margarethe Tillmann Paketpost für die Thomschkes entgegengenommen. Es sieht den Eheleuten nicht ähnlich; wenn sie über Land fahren wollten, hatten sie ihr stets Bescheid gegeben.

Margarethe Tillmann geht durch den Gastraum und erschrickt. Vor der Theke schimmert Blut. Schleifspuren sieht sie. Ihr ist unheimlich. Sie sucht männlichen Beistand. Gemeinsam betreten sie wieder das Haus. Von Paul und Elsa Thomschke keine Spur, kein Lebenszeichen. Man macht dem Bürgermeister Meldung. Der verständigt die Polizei, »daß das Gaststättenehepaar, Paul Thomschke, geb. 14. 2. 1892, wohnhaft Radeburg, Großenhainer Str. 1, und Elsa Thomschke, geb. 12. 10. 1910, wohnhaft ebenda, in ihrem Wohngrundstück, der Gaststätte »*Zum Hirsch*«, Radeburg, Großenhainer Str. 1, nicht aufzufinden sind und dort im Grundstück größere Blutflecken vorhanden sind, so daß ein Verbrechen vermutet wird«.

Mit Handwerkern öffnet die Volkspolizei weitere Türen. Nach Suchen findet man die Tote im abgedeckten Brunnenloch unterhalb der Kellertreppe. »Elsa Thomschke wog 85 kg, ihre Brustbreite mit Armen war 55 cm, sie war breiter als die Luke, Brustumfang 136 cm. Mit ziemlicher Gewalt mußte die Leiche durch die Öffnung geschoben worden sein.« Die Spuren sind eindeutig: Mord. Paul Thomschke wird nicht gefunden. Ist er flüchtig? Ist diese Tat ein Beziehungsdrama? Die Polizei schreibt den Wirt zur Fahndung aus. Kurze Zeit später zieht sie diese Suchmeldung zurück. Der Tote lag im Brunnen, nicht zu sehen, unter Wasser. Mit ihm ein zerbrochener Hammer, ein Eimer, Lappen. Wer hatte Grund, die Thomschkes umzubringen? Sie waren Institution in Radeburg. *Zum Hirsch* war Treffpunkt, Kneipe und Vergnügen.

Paul Thomschke ist polizeibekannt. In Nachkriegsjahren war er im Visier der Ermittler. Schwarzhandel, Schmuggel, Schiebereien und Betrug wurden ihm vorgeworfen, selten bewiesen. Kontakte hat er in den Westen. In der ČSSR traf er sich mit seinem republikflüchtigen Sohn. Mitglied einer Freimaurersekte soll er gewesen sein. »Mit Thomschke ist einer der größten Gauner gestorben. Die Bevölkerung heißt aber keinesfalls die Tat gut«, protokollieren die Ermittler. Das örtliche Kollektiv der VP verfasst die »Beurteilung des Gaststättenehepaares Thomschke«.

»Der obengenannte Thomschke hat noch zwei Brüder und eine Schwester, die noch am Leben sind. Sein Bruder in Oberlichtenau soll dort eine Mühle von Paul verwalten.

Weiterhin ist er Besitzer der Mühle in Oberrödern/Kr. Großenhain, die in den letzten Jahren nicht mehr genutzt wurde. Die Mühle in Oberrödern wurde durch seinen Sohn geleitet und seit seiner Flucht nach Westdeutschland nicht wieder in Betrieb genommen. Obengenannter zog 1953 nach Radeburg und kaufte die Gaststätte *Hotel Hirsch* in Radeburg. Mit dem Obengenannten kam seine jetzige Ehefrau Elsa mit nach Radeburg. Sie lebten bis 1963 in Lebensgemeinschaft miteinander. Im Jahre 1963 wurde der Obengenannte wegen Schlaganfall ins Krankenhaus Radeburg eingeliefert, und da sein Gesundheitszustand sehr schlecht stand, heiratete er im Krankenhaus Radeburg. Kurz nach seiner Verehelichung wurde im Krankenhaus das Testament festgelegt, wo seine Frau als Alleinerbin eingesetzt wurde. Mit dieser Entscheidung hatte er somit auch seinen Sohn in WD enterbt und nicht berücksichtigt. Der Obengenannte hat seiner 3. Frau sein Vermögen überschrieben. Von der Bevölkerung wird dem Obengenannten nachgesagt, daß er seine 2. Ehefrau geheiratet hat, um sich in den Besitz der Mühle von Oberrödern zu bringen und nach Überschreibung der Mühle auf seinen Namen, sich von ihr wieder hat scheiden lassen. Er wird auch deshalb als kleiner Gauner bezeichnet, obwohl seine 2. Ehefrau auch nicht die Beste gewesen sein soll, aber in Paul ihren Meister gefunden hat. Obwohl er der Besitzer der Gaststätte *Hotel Hirsch* war, hat die Ehefrau die Konzession gehabt.

Als Gaststättenehepaar waren sie den Gästen gegenüber immer freundlich und zuvorkommend. So kam er vielen Stammkunden entgegen und schrieb ihre Zeche auf, wenn sie nicht in der Lage waren, sofort zu zahlen. In seiner Gaststätte verkehrten viele Jugendliche im Alter von 16–25 Jahren. Die Jugendlichen fühlten sich dort wie zu Hause und der Umgangston war gut, in dem sie von Paul und Else sprachen. Es handelte sich um eine Gaststätte, wo immer Krach vorhanden war, d. h. Musik und Gebrüll durcheinander. Das Gaststättenehepaar war sich nicht immer Herr der Lage, und die Gäste glaubten oft, machen zu können, was sie wollen. Demgegenüber konnte er sich nicht durchsetzen. Auch wegen Polizeistundenüberschreitung wurde er schon zur Rechenschaft gezogen. Auf seine Frau soll er auch eifersüchtig gewesen sein, wie dies im Volksmund gesagt wird.

Eine gute Beziehung hatte er zum ehemaligen Gaststättenleiter Schuricht. Dies kam darin zum Ausdruck, daß sich beide gegenseitig ausgeholfen haben, wenn bei irgendeinem die Getränke alle waren. Es wurden dann Fässer über die Straße gerollt.

Seine politische Einstellung zum Arbeiter-und-Bauern-Staat war nicht positiv. So wurde zum Beispiel bei Veranstaltungen mit politischem Charakter durch ihn wenig getan, um dies zur Zufriedenheit durchführen zu können. So mußte am Tage der Frau (Frauentag) dem DFD, Ortsgruppe Radeburg, von der VP-Dienststelle Radeburg Kohlen geliehen werden, damit der Saal geheizt werden konnte. Thomschke lehnte dies damals ab zu heizen. Auch bei Veranstaltungen politischer Organisationen gab es immer Auseinandersetzungen damit er den Saal zur Verfügung stellte. Im Gegenteil verhielt er sich bei Faschingsveranstaltungen. Auch kommt seine Einstellung darin zum Ausdruck, daß er seine Wohnung in Oberrödern, sowie die Räumlichkeiten der Ehefrau

blockiert hat, obwohl überall Wohnraummangel vorhanden ist.«

Paul Thomschke wusste gut, wie er im Staat auf seine
Kosten kam. Er lebte neben dem sozialistischen System,
bewahrte auch wirtschaftlich seine Selbständigkeit. Genossen erschien er suspekt. Pauls Geschäfte liefen. Pauls
Geschäfte waren immer gelaufen. »1892 wurde der Gastwirt in Oberlichtenau geboren. Er heiratete eine Müllers-
tochter, die dem Gatten ihre Mühle überschrieb. Paul
Thomschke baute um, man mahlte nunmehr auch mit
Strom. Restauriert präsentiert sich heute das ›Mühlen-
werk Paul Thomschke‹ in Oberlichtenau. Drei Söhne
wurden dem Ehepaar geboren. 1930 starb die Gattin.
Thomschke heiratete 1933 eine Mühleneignerin aus
Oberrödern, und erneut wurde Thomschke als Ehemann
ins Grundbuch eingetragen. Die Mühle in Oberlichtenau
hatte er an seinen Bruder verpachtet. Die zweite Ehe
wurde nach sechs Jahren geschieden. Die Mühle blieb
Besitz von Thomschke. Der Krieg nahm ihm zwei seiner
Söhne. Nach dem Krieg wurde Thomschke Landwirt und
kaufte in Großdittmannsdorf ein Gut. Als absehbar, daß
Landwirtschaft in Kollektiv und Gemeinschaft erfolgen
sollte, später mußte, veräußerte Paul Thomschke seinen
Besitz und erwarb in Radeburg das Hotel und Gasthaus
›Zum Hirsch‹. Die Wirtschaft ward schnell erstes Haus am
Platze.«

Das Motiv der Bluttat liegt nah: Raub. Die Kasse und die
Tassen mit dem Wechselgeld sind leer. Schmuck fehlt und
Spirituosen und Tabakwaren. Sicherlich: Paul Thomschke
hatte Neider. Er stellte seine gute finanzielle Lage nicht aus,
aber man wusste darum. Als »überdurchschnittlich« wird

sie eingeschätzt. Hotel und Restaurant machen Gewinn, knapp 20.000 MDN im vergangenen Jahr. Das Vermögen beläuft sich auf mehr als einhunderttausend Mark. Thomschke verlieh Geld. Auch im Haus waren Finanzen, neben Genussmitteln fehlen diese. Die Gäste erinnern sich: Am Abend des 2. November hat Paul Thomschke das Wechselgeld für das Konzert am Freitag zurechtgelegt. »Dazu verwendet er immer einen alten Schrankschieber, in welchem mehrere Tassen stehen, und zählt in diese die Biermarken und das Hartgeld. Die Geldscheine zählt er in eine Zigarrenkiste, welche gleichfalls in dem Schieber vorhanden ist. Insgesamt würde er immer etwa 200,– MDN Wechselgeld vorbereiten. Der Schieber mit dem Wechselgeld wird dann vom Geschädigten immer in der kleinen Bar, welche gegenüber seiner Schlafstube liegt, verwahrt. Der Schlüssel für die Tür zur kleinen Bar wird gleichfalls immer in der Kasse in der Theke verwahrt«, sagt Margarethe Tillmann. Die Tassen sind leer. Fingerabdrücke werden an ihnen festgestellt. Stets dieselben. Stets an gleicher Stelle. Genau dort, wo man sie vom Bord nimmt und in einem Zug ausschüttet. Gehören sie einem der Gäste vom Montagabend? Die Polizei unterzieht Besucher und Stammgäste einer Prüfung.

Eine andere Spur ist der Hammer. Im Stiel gespalten, mit einer Prägung versehen. Die Ermittler suchen mit einem Plakat und Fragen.

»Achtung!
Wer kann Angaben machen?
Bezugnehmend auf die Pressenotiz vom 7. 11. 1964 wendet sich die Volkspolizei an die Bevölkerung durch weitere

Hinweise zur schnelleren Aufklärung des Verbrechens an dem Ehepaar Thomschke in Radeburg beizutragen.
<u>*Besonders interessieren folgende Fragen:*</u>
- *Wer kann Angaben über den abgebildeten Hammer machen?*
- *Wo fehlt ein solcher Hammer?*
- *Wer hat am 3. 11. 1964, nach 01.00 Uhr, bis 5. 11. 1964, 09.00 Uhr, Licht im Gasthof »Zum Hirsch«, Radeburg, gesehen und in welchen Räumen?*
- *Welche Personen befanden sich am 3. 11. 1964, zwischen 00.00 Uhr und 06.00 Uhr auf den Straßen von Radeburg, und wer kann Angaben über solche Personen machen?*
- *Wo wurden Personen mit blutigen Kleidungsstücken auf Straßen oder in Verkehrsmitteln gesehen?*

Hinweise, die auf Wunsch vertraulich behandelt werden, nimmt die Volkspolizeidienststelle Radeburg, Heinrich Zille-Straße 9, entgegen.

Bild des Hammers: Gewicht 500 Gramm, Länge des Stieles 26 cm, größte Breite des Stieles 3 cm, Stielende 10 cm gespalten, im Stiel befindet sich eine Einprägung von 5 mm. Das Metallstück ist 11,5 cm lang und größte Breite 2,5 cm. Das Metallstück ist verrostet und der Stiel dunkel verschmutzt.«

Die Ermittlungsarbeit kann schnell abgeschlossen werden. Der Leiter der Dresdner Morduntersuchungskommission erhält aus den Händen des Ministers die »Medaille für ausgezeichnete Leistungen«. Denn »meisterhaft versteht es Genosse Wolf mit seinem Kollektiv, die zusammengetragenen Fakten miteinander abzustimmen und zu wissenschaftlich-exakten Ergebnissen zusammenzufügen. Das Beispiel des am Tatort gefundenen Hammers soll dies demonstrieren:

- Die Bevölkerung wird durch Plakate, auf denen der Hammer abgebildet ist, aufgerufen, Angaben über das Tatwerkzeug zu machen.
- Der Zeuge X. gibt einen Hinweis auf den späteren Beschuldigten Sch.
- Ein anderer Zeuge macht Angaben, daß der spätere Beschuldigte Sch. plötzlich mehr Geld ausgibt, als seine Einkünfte es erlauben.
- An Behältnissen am Tatort, worin sich Geld befunden hatte, werden Fingerabdrücke gesichert.
- Im Hausflur wird ein mit Blutwasser getretener Sohlenabdruck als Spur gesichert.
- Der Beschuldigte Sch. wird in einem am Tatort (Gaststätte) verkehrenden Kreis von 60 Personen mit erfaßt und überprüft.
- Von Sch. macht sich die Abnahme von Vergleichsabdrücken erforderlich.
- Die Fingerabdruckspuren von den Geldbehältnissen am Tatort werden als die vom Verdächtigten Sch. stammenden vom Daktyloskopen ermittelt.
- Eine Wohnungsdurchsuchung beim Verdächtigten erbringt verstecktes Geld, Spirituosen, Zigarren und andere Genußmittel, die vermutlich Eigentum der Opfer waren.
- Die Wohnungsdurchsuchung erbringt männliche Bekleidungsstücke, die ausgewaschen sind, aber trotzdem noch Spuren von Menschenblut aufweisen.
- Mit den bei Sch. gefundenen und sichergestellten

Pantoletten wurde der am Tatort vorgefundene Blutwassersohlenausdruck verursacht.

So wurde systematisch ein Beweismittel nach dem anderen zusammengetragen und wissenschaftlich durch Expertisen belegt. Es kommt vorerst nicht darauf an, ob der Täter ein Geständnis ablegt. Zu gegebener Zeit muß auch der hartgesottenste Lügner unter der Wucht der Beweise zusammenbrechen und ein umfassendes Geständnis ablegen … Die überzeugenden Erfolge des Hauptmann Wolf und seines Kollektivs beruhen nicht nur in der sinnvollen Nutzung der Vorzüge unserer sozialistischen Gesellschaft bei der Verdrängung der Kriminalität und der Anwendung exakter wissenschaftlicher Mittel und Methoden der Kriminalistik. Er besitzt auch die moralischen Qualitäten eines sozialistischen Menschen. Dieser Kriminalist liebt seinen Beruf. Seine Berufsehre läßt keine Pfuscharbeit zu. Ständig bemüht er sich um das »Q« in seiner Arbeit. Operative Dienstzeitregelung ist für ihn seit Jahren selbstverständlich. Ob Tag oder Nacht, immer stellt er seine persönlichen Bedürfnisse zurück. Dabei ist er kameradschaftlich und bescheiden. Durch sein persönliches Beispiel spornt er jeden einzelnen des ganzen Kollektivs zu höchsten Leistungen an.«

Der Mörder Klaus Schuricht ist das genaue Gegenteil eines sozialistischen Vorbilds, und er wird dazu gemacht. Die Beurteilungen schildern ihn als einen arbeitsscheuen, unzuverlässigen Menschen. »Bisher führte er einen unmoralischen Lebenswandel, kümmerte sich wenig um seine Familie und verbrachte sehr viel Zeit in Gaststätten. Dort spielte er Skat, trank reichlich Alkohol und kam mitunter erst am nächsten Morgen nach Hause. Es kam auch vor, daß er früh betrunken zur Arbeit kam oder unter irgendeinem Vorwand der Arbeit fernblieb. Wiederholte Aussprachen durch Angehörige seiner bisherigen Arbeitsstellen führten bei dem Beschuldigten zu keiner Änderung seines bisherigen Lebenswandels. Der Beschuldigte hatte den größten Teil seines verdienten Geldes für sich selbst verbraucht. Die Notlage, in welcher sich die Familie befand, wurde durch den Beschuldigten selbst verschuldet.« Man weiß, Klaus Schuricht hat seine Frau geschlagen. Anderen hat er mit Totschlag gedroht. Die Kollegen distanzieren sich: »Mit tiefer Abscheu und mit großer Erregung haben wir, die Mitglieder der Brigade Schwenke, von der brutalen Tat Schurichts Kenntnis genommen. Klaus Schuricht, ehemaliges Mitglied unserer Brigade, war während seiner Tätigkeit in unserem staatlichen Forstwirtschaftsbetrieb als Arbeitsbummelant hinreichend bekannt. All unsere gutgemeinten Ratschläge und Kritiken, in Einzelgesprächen und in Brigadeversammlungen zum Ausdruck gebracht, blieben trotz fortwährender Versprechungen seinerseits ohne Erfolg. Während die Bevölkerung der Deutschen Demokratischen Republik ihrer friedvollen Arbeit nachgeht und große Leistungen zum Wohle aller vollbringt, war es das Bestreben von Schuricht, viel Geld zu erwerben, ohne die nötige Arbeit zu leisten. Wie wir heute feststellen müssen, schreckte er in diesem Bestreben sogar vor einem Mord nicht zurück, was seinen verwerflichen Charakter am deutlichsten zum Ausdruck bringt. Wir können deshalb nur noch in tiefer Verachtung von ihm reden. Durch diese Tat hat Schuricht das Ansehen unserer Brigade, unseres staatlichen Forstwirtschaftsbetriebes sowie unserer gesamten Republik tief geschädigt. Wir ersuchen deshalb das Gericht im Falle Schuricht die höchstmögliche Strafe auszusprechen.« Auch andere fordern strengste Strafe. Das Gericht erhält Briefe des Volkszorns. »Da ich die in Radeburg ermordete Frau Thomschke sehr gut kannte u. uns eine Freundschaft verband – ich habe knapp zwei Jahre mit ihr zusammengearbeitet u. in dieser Zeit sie als sehr gutmütige, überaus fleißige anständige Frau kennengelernt. – Unfaßbar und unglaublich für mich, ihr so unverdient grausames Ende. – Der Zweck meines Schreibens an das Bezirksgericht ist, daß ich das Hohe Gericht bitte, daß der Mörder Kl. Schuricht, welcher die höchste Strafe, welche das Gerichtsurteil vergeben kann, erhält, niemals unter einen gegebenen Amnestieerlaß, begnadigt werden darf. – Selbst nicht nach Jahrzehnten, durch eventuell gute Führung. – Schuricht auf freiem Fuß würde bedeuten, ein Angriff auf Leben und Gesundheit unserer Bürger, deren Schutz im Interesse der Gesetzlichkeit liegt. – Ihrem Urteil, welches die Antwort der Rechtsorgane für das skrupellose Verbrechen in Radeburg ist, bitte ich dieses Schreiben mit beizuheften. Mit sozialistischem Gruß Irmgard Braun«.

Der Tatverdächtige Klaus Schuricht wurde am 2. Juli 1941 in Folbern, einem Dorf in der Nähe Großenhains geboren. Die Eltern waren Eigner einer Bäckerei mit angeschlossenem Ausschank, gerieten jedoch 1950 unter Spionageverdacht und wurden verhaftet. Die Erziehungsberechtigten des Jungen wechselten. Klaus Schuricht begann eine landwirtschaftliche Ausbildung und arbeitete mit auf dem Gehöft seines Bruders. Er wurde Tiefbauarbeiter, Bohrer im Stahlwerk, Heizungsmonteurhelfer. Beruflich möchte Klaus Schuricht Karriere machen, die

Restauration der Eltern übernehmen, und er weiß, dass gesellschaftliches Engagement dies fördert. Er heiratet Ursula. 1960 und 1962 werden dem Paar zwei Kinder geboren. 1963 kann sich Klaus seinen Berufswunsch erfüllen, er arbeitet als Buffettier in den Radebeuler Gaststätten *Völkerfreundschaft* und *Weintraube*. Später überträgt man ihm die Leitung des Restaurants *Weißes Rössel* in Radeburg. Dem *Hirsch* der Thomschkes liegt es gegenüber. Die Schurichts ziehen in dies Haus. Die beiden Geschäftsführer unterstützen einander bei Engpässen der Versorgung. Auch privat gewährt Paul Thomschke dem jungen Wirt und seiner Familie Darlehen. »Höchstens 50 Mark habe ich genommen, und stets hat er es wieder erhalten.« Klaus Schuricht wirtschaftet das *Weiße Rössel* ins Minus. Knapp 4.000 Mark sind Fehlbetrag. »Er hat wegen laufender Differenzen diese Gaststätte aufgeben müssen. Während dieser Zeit hat er gut gelebt und sich viel gekauft. Ich habe durch verschiedene Unterhaltungen mit dem Küchenpersonal erfahren, daß er auch laufend mit der ganzen Familie in der Gaststätte gesessen und nicht bezahlt hat. Er hat die Gaststätte nicht gern aufgegeben. Ich weiß auch, daß er danach wieder gestrebt hat, eine Gaststätte zu übernehmen und bedingt eine wieder übernehmen wollte. Nachdem das damals mit der Übernahme der Gaststätte seine Eltern nicht geklappt hatte, hat er auch zu mir gesagt, daß ich schon sehen werde, wie er es macht. Er würde erst in die Partei und in die Kampfgruppe eintreten, und dann würde er schon eher etwas erreichen. Er war auch tatsächlich damals im ›Ausbau‹ in die Kampfgruppe und in die Partei eingetreten, und von dort aus hat er dann auch die erste HO-Gaststätte übernommen. Er hat mir gegenüber ganz offen zum Ausdruck gebracht, daß er nur in die Partei eintritt, damit er bei seinem Ziel, eine Gaststätte zu übernehmen, mehr Chancen hat. Wenn er nüchtern war, konnte man ganz gut mit ihm auskommen. Wenn er getrunken hatte, war es vorbei. Er hat Streit angefangen und sich gehen lassen, daß die Leute nur mit den Köpfen geschüttelt haben. Vor allem hat er auch getrunken wie ein Verrückter. Vor allem Schnaps hat er jede Menge getrunken. Er hat auch öfter einen für mich und andere ausgegeben, aber mehr, wenn wir in anderen Gaststätten waren. Nachdem er aus dem *Rössel* raus war, hat er erst eine ganze Zeit nichts gemacht. Er wollte immer wieder rein in die Gaststätte und hatte bis zuletzt Hoffnung. Da aber daraus nichts wurde, hat er bei den Forstbetrieben als Harzer angefangen.« Der Lohn im Forst wird schwer verdient. Manche Gelegenheit bietet sich dem Klaus Schuricht, schnell und illegal besseres Auskommen zu sichern. Seine Frau tut bei Diebstählen mit, sie tut es selbst.

Im Sommer 1964 erdrücken Schulden die Familie. Der Vater kündigt seine Lebensversicherung. Das Geld ist schnell ausgegeben. Die Raten für ein Motorrad sind fällig. Der Rat der Stadt fordert vom Vater die »Rückzahlung der verlagsweise gezahlten Fürsorgebeträge an die Familie, die sie nur mit dem Hinweis erhalten habe, daß selbige rückzahlungspflichtig seien, da sie persönlich ja voll arbeitsfähig waren. Da sie nun schon längere Zeit wieder in Arbeit stehen und sich wirtschaftlich erholen konnten, bitten wir um ihre Vorschläge«. Klaus Schuricht hat keine Vorschläge, er borgt. Paul Thomschke schießt ihm 2.000 Mark vor, da er den Schuldner und dessen finanzielle Lage kennt, verpflichtet er ihn, im *Hirsch* auszuhelfen. Unentgeltlich. Thomschke wird die Arbeitsleistung mit dem Darlehen verrechnen. Fühlte Klaus Schuricht sich gedemütigt? Im Umgang war Paul Thomschke wenig fein, mancher empfand die Arbeit unter ihm erniedrigend. Thomschke war geizig, er war hart. Schuricht steht meist hinter der Bar im Konzertsaal, kellnert. Auch in der Freizeit ist er im *Hirsch* zu Gast. Er spielt. Er redet. Er trinkt. Am Montag, dem 2. November, weilte er auch bei den Thomschkes, sah, wie Paul die Wechselgelder in die Tassen zählte, sah dessen dicke Brieftasche, die ein roter Gummi hielt. Klaus Schuricht blieb nicht lang, gegen 23.15 Uhr verließ er das Lokal. Angeblich. Seiner Frau hatte er bereits die Anweisung gegeben, für ihn im gegenüberliegenden Haus die Türe nächtens wieder aufzuschließen. Sie tat's. Ursula Ullrich hörte zu, als ihr Mann nach 4 Uhr nachts zurück in ihre Wohnung kam. Sie war es auch, die der Polizei berichtete. Ihr Mann leugnete. Er blieb bei seinem Leugnen. »Verstockt bis zuletzt« titelte die Zeitung.

Ihr Mann »habe sich nach Verlassen der Wohnung in die Gaststätte ›*Zum Hirsch*‹ begeben, und in der Zeit zwischen 23.15 bis 23.30 Uhr verließ er die Gaststätte durch den hinteren Eingang Großenhainer Straße. Zu diesem Zeitpunkt sei die Tür noch nicht verschlossen gewesen. Nachdem er kurze Zeit vor dem hinteren Eingang gewartet hatte, betrat er durch diesen erneut wieder das Grundstück und ging sofort in die erste Etage, wo er sich in einer Toilette versteckte. Zu einer späteren Zeit habe er gehört, wie der Paul hochgekommen ist und oben auf der Treppe nach seinem Nachthemd gerufen habe. Es sei dann auch jemand nach oben gekommen, um vermutlich das Nachthemd zu bringen. Nachdem Ruhe in der Gaststätte eingetreten war, habe der Beschuldigte die Toilette verlassen und sei nach unten gegangen. Zu diesem Zeitpunkt sei die Else aus der Küche herausgekommen, und er habe ihr mehrmals mit einem Hammer auf den Kopf geschlagen. Sie habe dabei Laute von sich gegeben und sei zu Boden gefallen. Weil sie weiter geschrieen hat, habe er auch in das Gesicht geschlagen und dabei sei der Hammer zerbrochen. Anschließend ist er in die erste Etage gegangen und begab sich zum Schlafzimmer Thomschke. Die Schlafzimmertür stand einen Spalt offen. Im Schlafzimmer brannte Licht und der Thomschke lag im Bett. Er habe sich aufgerichtet und fragte, wo die Else sei. Daraufhin habe er zur Antwort gegeben, daß sie sich noch unten aufhält. Auf die Frage, ob noch weitere Personen unten sind, sagte er, daß die Margarethe und ihr Mann noch anwesend sind. Weiterhin fragte der Thomschke, was er überhaupt hier suchen würde. Daraufhin will mein Mann gesagt haben, daß er Bargeld braucht. Thomschke habe daraufhin erklärt, daß er kein Geld habe. Gleichzeitig langte er nach seiner Hose und versuchte, aus dem Bett zu steigen. In diesem Augenblick habe mein Mann mit der Hand auf Thomschke eingeschlagen und es kam zu einem Handgemenge. Dabei habe er festgestellt, daß der Thomschke noch, trotz seines Alters, über allerhand Kräfte verfügt, und er große Mühe hatte, diesen zu überwältigen. Während des Kampfes habe mein Mann nach einem Lederriemen gegriffen, welcher auf der Lehne eines Stuhles gelegen hat. Diesen Riemen hat er um den Hals des Thomschke gelegt und zugezogen. Danach schleppte er den Thomschke nach dem Keller. Weil diese Tür verschlossen war, hatte er erst den dazugehörigen Schlüssel geholt … Anschließend warf er den Paul in einen Brunnen, welcher sich im Keller befindet. Auf die Frage der Ehefrau, was sich in dem Brunnen befindet, habe der Beschuldigte gesagt, daß Wasser darin ist. Anschließend ist er zum Hausflur gegangen und habe die Else gleichfalls in den Keller geschleppt und in den Brunnen geworfen. Danach habe er das Blut vom Hausflur aufgewischt und den Eimer mit dem zerbrochenen Hammer gleichfalls in den Brunnen geworfen. Nachdem er den Brunnen wieder abgedeckt habe, ging er in die erste Etage und durchsuchte das Schlafzimmer der Wirtsleute und das Lager bzw. den Abstellraum. Er habe nicht gesagt, was er im einzelnen dort gefunden hat. Ferner hat er unten in der Gaststätte gesucht und auch hierzu nicht geäußert, was er dort gefunden hat. Nach dieser Schilderung fragte die Ehefrau den Beschuldigten, ob er auch alles reichlich überlegt habe, was er gemacht hat. Daraufhin habe er zu verstehen gegeben, daß er es nur aus Liebe zur Ehefrau getan hat und er auch seine Schulden begleichen wollte.«

Ursula Schuricht ist geständig, die Beweisaufnahme abgeschlossen. Anklage wird erhoben. Zur Last gelegt wird Klaus Schuricht:

1. am 3. 11. gegen 2.00 Uhr das Gaststättenehepaar Elsa und Paul Thomschke in Radeburg vorsätzlich getötet und beraubt zu haben,

2. in der Zeit von Mai bis Juni 1961 von seinem Bruder in Folbern einen Motor entwendet zu haben,

3. in der Zeit von 1960 bis 1961 während seiner Tätigkeit im VEB Ausbau auf der Baustelle Flugplatz Großenhain drei Sack Zement gestohlen zu haben,

4. im November 1963 eine Unterschlagung begangen zu haben, indem er bei der Übergabe des Inventars sich rechtswidrig Gläser, Tischdecken und Handtücher zueignete,

5. seiner Ehefrau im Frühjahr bis Sommer 1964 bei einem Einsteigediebstahl im Keller der HOG *Rössel* in Radeburg Beihilfe bei einem Kartoffeldiebstahl geleistet zu haben,

6. Ende Juli, Anfang August 1964 gemeinsam mit seiner Ehefrau am Niederteich in Kleinnaundorf acht Enten gestohlen zu haben,

7. Ende September, Anfang Oktober 1964 von einem Feld in der Nähe von Ortrand circa 1,5 Zentner Weißkraut gestohlen zu haben,

8. Ende September, Anfang Oktober 1964 bei seiner Rückkehr in die Wohnung mit seinem Haustürschlüssel versucht zu haben, die Kellertür der HOG *Rössel* in Radeburg zu öffnen,

9. am 25.10.1964 im Forstbereich Kamenz aus einem Fass circa 130 Kilo Harz gestohlen zu haben,

10. am 28.10.1964 von einer Wiese in Bärwalde ein Schaf gestohlen zu haben,

11. Ende Oktober 1964 gemeinsam mit seiner Ehefrau im Forstrevier Ebersbach etwa 1 Kubikmeter Holz entwendet zu haben.

»Vier Tage – vom 17. bis 20. Mai – währte die Beweisaufnahme im Prozeß gegen Klaus Schuricht vor dem Bezirksgericht in Dresden … (es) bestätigte sich die Anklage. Schuricht leugnete, die Tat begangen zu haben. In diesem Zusammenhang muß erwähnt werden, daß durch Gutachten festgestellt wurde, daß Schuricht für die Begehung der Tat vollkommen zurechnungsfähig ist. In der Verhandlung benahm er sich völlig unbeeindruckt, ungerührt und unbeteiligt. Schuricht ist nicht in der Lage, Entlastungsmomente anzuführen. Die wenigen Einlassungen, die er macht, werden ihm insbesondere vom Vertreter der Staatsanwaltschaft des Bezirkes widerlegt. Während der Beweisaufnahme wurde ihm mehrmals die Unglaubhaftigkeit und Unwahrheit seiner Einlassungen nachgewiesen ... Der Saal des Bezirksgerichtes war an den vier Tagen der Beweisaufnahme bis auf den letzten Platz gefüllt. Weitere Bürger begehrten täglich vergeblich um Einlaß. Die Zuschauer bringen in den Verhandlungspausen ihre Empörung über das Verhalten des Angeklagten zum Ausdruck.« Der Staats- anwalt beantragt lebenslange Zuchthausstrafe und Verlust der bürgerlichen Ehrenrechte auf Lebenszeit. Schurichts letzte Worte vor dem Richter: »Ich habe mit dem Mord nichts zu tun, und ich kann auch nicht sagen, wer der Täter ist.«

»Der Senat hat auf Todesstrafe erkannt. Diese Abweichung vom gestellten Strafantrag wird wie folgt begründet. Der Angeklagte hat seit seinem 18. Lebensjahr ständig nach unredlichen Erwerb getrachtet, um ohne eigene Arbeit in den Genuß der Ergebnisse der Arbeit seiner Mitbürger zu gelangen. Er bummelte häufig die Arbeit, beging zahlreiche Diebstähle, nutzte rücksichtslos die eigene Ehefrau aus, indem er sie für sich arbeiten ließ und zum Diebstahl anhielt, kam seinen Unterhaltspflichten gegenüber der Familie nur äußerst ungenügend und mitunter überhaupt nicht nach und brachte dadurch seine Familie in eine wirtschaftliche Notlage. Das Geld, das er verdiente oder das er sich auf unehrliche Weise verschaffte, vertrank er zum größten Teil in Gaststätten. Jedem Versuch der positiven Einwirkung durch seine früheren Arbeitskollegen im VEB Ausbau und in der Staatlichen Forstverwaltung setzte er bewußt Widerstand entgegen, weil er gar nicht daran dachte, sein Verhalten und seine parasitären Gewohnheiten zu ändern. Der ganze Lebenslauf des Angeklagten beweist, daß es sich bei ihm um einen egoistisch und parasitär eingestellten Menschen handelt, der ohne Rücksicht auf die Interessen seiner Mitbürger und der eigenen Familie stets nur an sich dachte. Als er durch seine im höchsten Maße unmoralische und haltlose Lebensweise in finanzielle Schwierigkeiten geriet, entschloß er sich bedenkenlos zur Tat, die den Gegenstand des Strafverfahrens bildete. Von blinder Habgier besessen, trachtete er danach, seine wirtschaftliche Lage um den Preis seiner beiden Opfer zu verbessern.

Tötungsverbrechen gehören in unserer sozialistischen Gesellschaft zu den schwersten Verbrechen, weil sie zutiefst den humanistischen Anschauungen der sozialistischen Gesellschaft widersprechen. Aber der Angeklagte brachte ohne jede menschliche Regung rücksichtslos und brutal zwei Menschen um, mit denen er jahrelang bis zuletzt vertrauensvollen Umgang gepflegt hatte. Gewissenlos opferte er um seiner egoistischen Motive willen das Leben von zwei Menschen, die ihm nie etwas Böses zugefügt hatten. Er tötete Frau Thomschke auf besonders scheußliche Art und Weise und erklärte in der Hauptverhandlung, sie sei wie eine Mutter zu ihm gewesen. Kalt und ohne jede menschliche Regung warf er die beiden Leichen in den Brunnen. Kalt und berechnend traf er danach Maßnahmen, um der Entdeckung und Festnahme zu entgehen, indem er seine Frau beeinflußte. In der gleichen Richtung liegt sein gesamtes Verhalten während der Ermittlungsverfahren und der Gerichtsverhandlung. Kalt und gefühllos, ohne jede menschliche Regung ist er auch hier nur um sein eigenes ›Ich‹ besorgt gewesen. Aufgrund des beim Angeklagten vorhandenen und sein bisheriges Leben in den letzten Jahren triebhaften Egoismus und seiner parasitären Einstellung sowie auf Grund der von großer Brutalität und äußerster Gefühlsrohheit gekennzeichneten Tatausführung ist der Ausspruch der Todesstrafe erforderlich. Das verlangen der Schutz unserer Gesellschaft und die Aufrechterhaltung der Ordnung und Sicherheit. Diesem Strafausspruch steht auch nicht die Tatsache entgegen, daß der Angeklagte bisher kein Geständnis abgelegt hat. Die Gesamtheit der der mittels Indizien in diesem Strafverfahren erbrachten Beweise vertritt den lückenlosen Nachweis, daß der Angeklagte schuldig im Sinne seiner Verurteilung ist. Für den Senat bestehen deshalb nicht die geringsten Zweifel an der Schuld des Angeklagten. Es würde nach Auffassung des Senats bei unseren Werktätigen mit vollem Recht auf Unverständnis stoßen, wenn ein Mörder, obwohl seine Schuld lückenlos bewiesen ist, bei Vorliegen auch der sonstigen Voraussetzungen der höchsten Strafe nur deshalb entgehen sollte, weil er infolge ›guter Nerven‹ und Kälte des Gefühls kein Geständnis ablegt. Es könnte daraus der für die Verbrechensbekämpfung auf diesem Gebiet nachteilige Schluß gezogen werden, daß es genüge, sich in einem ähnlichen Falle nach dem Beispiel des Angeklagten Klaus Schuricht zu richten, um die Anwendung der höchsten Strafe zu vermeiden. Der Angeklagte hat sich mit dem von ihm begangenen Doppelmord außerhalb der sozialistischen Gesellschaft gestellt und deshalb das Recht verwirkt, in ihr zu leben.«

Das Todesurteil wird vollstreckt. Die Hinrichtung ist eine der letzten in der DDR. Um Aufnahme in die UN zu erhalten, bemühte sich die DDR um Wahrung der Menschenrechte und verbot die Todesstrafe – zumindest bei Zivilprozessen. Die Militärgerichtsbarkeit verurteilte auch weiterhin zum Tod. 1981 wurde in Leipzig das letzte Todesurteil vollstreckt. Zeugen glaubten, Klaus Schuricht im Zuchthaus Brandenburg begegnet zu sein. Ein Gerücht lässt ihn 1988 sterben. Die Akte belegt die Hinrichtung zumindest indirekt. Die haftentlassene und mittlerweile geschiedene Ursula Schuricht benötigt für den Antrag auf staatliche Fürsorge den Beweis des Todes ihres Mannes. Der Staatsanwalt hinterlegt die Aktennotiz: »Eine Sterbeurkunde zu dieser Strafsache habe ich dem Rat des Kreises Großenhain ausschließlich zu behördlichem Gebrauch übersandt.«

Vorbild: Johann Sebastian Bach

Wie das Musikgenie Kriminalgeschichte schrieb, Leipzig, 1894/1994

Lieber Herr Gott, wecke uns auf

Text der Motette bei Bachs Begräbnis

Herbst, die Zeit des Pilzesammelns. Am Spätnachmittag des 4. September 1994 scharrt der Hund eines Spaziergängers einen menschlichen Oberarmknochen frei. Er steckt noch zur Hälfte im Boden des aufgeforsteten Jungwalds im Tagebau Zwenkau. Der Fundort wird abgesperrt. Die Polizei entdeckt »eine teilweise verweste Leiche, eingepackt in textile Auslegware«. Sie war in 80 Zentimeter Tiefe vergraben. Es ist der Köper eines Mannes. Das Gesicht ist aufgrund der langen Liegezeit nicht mehr erkennbar. Doch die Spuren deuten auf Mord hin. »Die Leiche weist Einschußverletzungen im Kopfbereich auf, ein Projektil wird später im Schädel gefunden. Zuerst glaubte man, dass der Unbekannte schnell bekannt gemacht werden kann. Bei der Obduktion wurde eine Siebenlochplatte im linken Unterschenkel festgestellt.« Eine nicht häufige Operation, die dokumentiert sein musste. Aber die Recherchen an den Krankenhäusern bleiben erfolglos. Auch Fahndungsaufrufe und der Vergleich mit vermissten Personen führen nicht zur Identität. Ein unbekannter Toter. Er bleibt es drei Jahre lang.

Dann schaute ein Leipziger Ermittler Fernsehen. Eine Reportage zeigte den Fall einer nicht identifizierten weiblichen Leiche aus dem Regierungsbezirk Bonn. Auch da waren von der Toten nichts als die Knochen geblieben. Eine Spezialabteilung der Gerichtsmedizin versuchte, Gesichter anhand des Schädels zu rekonstruieren. Jedoch waren dort die Wartezeiten lang, was die Ermittlungen nicht schnell voranbrachte. Im Dokumentarfilm fanden die Kriminalisten einen anderen Weg: Sie fragten das FBI um Hilfe. Der Schädel wurde in die USA transportiert. Die Knochen wurden dort gescannt. Ein eigens entwickeltes Programm setzte den Schädelknochen optisch wieder Fleisch und Haut auf. Das erstellte Gesicht wurde auf Fahndungsplakate gedruckt. Die Identität der Toten konnte geklärt und der Mörder überführt werden. Was in Bonn möglich war, das musste in Leipzig auch gelingen! Über das Konsulat wurde der Kontakt zur amerikanischen Bundespolizei hergestellt. Sie »zeigte sich kooperativ und entsandte sogar einen Agenten nach Leipzig, damit alle Schritte ordnungsgemäß abgestimmt werden konnten. Am 3. April 1998 erfolgte die Übersendung des Schädels per Luftfracht.«

Als plastische Gesichtsrekonstruktion »wird der Versuch bezeichnet, das äußere Erscheinungsbild des Gesichtes bzw. des Kopfes verstorbener oder verschollener Personen in einem möglichst lebensnahen dreidimensionalen Modell nachzubilden. Zu Anfertigungen von Gesichtsrekonstruktionen werden in der Regel vorliegende Schädelteile oder Daten aus medizinischen bildgebenden Verfahren, aber auch Fotografien der Person in Verbindung mit anatomischen Erkenntnissen aus der forensischen Medizin verwendet.« Die forensische Gesichtsrekonstruktion stellt häufig die letzte Möglichkeit auf dem Weg zur Identifizierung von menschlichen Überresten dar.

Die Wiederherstellung von Gesichtern auf Schädelknochen ist seit Jahrhunderten bekannt, jedoch diente sie nicht zu wissenschaftlichen Zwecken, sondern kultischer Verehrung. In Palästina fand man Köpfe, die bereits vor 7000 Jahren auf alten Knochen neu erschaffen worden waren. Aus Gips waren die Gesichter geformt, die Augen aus Muschelschalen. Im 17. und 18. Jahrhundert entstanden in Europa zahlreiche naturgetreue Wachsmoulagen, um die Krankheitssymptome den Studenten vorzuführen. Museen zeigen die Gesichter bis heute. »Der erste Versuch das realistische Aussehen eines Verstorbenen anhand seines Schädels nachzubilden gehen auf den Anatomen Wilhelm His zurück, der 1895 den Kopf Johann Sebastian Bachs aufgrund aktueller wissenschaftlicher Erkenntnisse rekonstruierte.«

Leipzig ist heute sehr stolz auf den großen Musensohn, feiert Feste in seinem Namen und verleiht Preise. Zu seinen Lebzeiten hatten die Stadtväter den »Director Musices und Cantor« nicht allzu gern. Schon bei seiner Anstellung war Johann Sebastian Bach nur dritte Wahl unter den Bewerbern. Die anderen wie Georg Philip Telemann hatten denn doch auf den Posten in Leipzig verzichtet. Dann angestellt, erhielt Bach seinen Lohn unregelmäßig ausgezahlt. Die Bachin veräußerte manch privates Gut wie Notenblätter, um die Familie zu versorgen. Auf diese finanziellen Nöte weist am neuen Bachdenkmal vor der Thomaskirche die leere Manteltasche hin. Carl Seffner hat

das Standbild nach neusten wissenschaftlichen Erkenntnissen geschaffen. 1906 wurde es an diesem Platze aufgestellt. Heute gilt das Denkmal als das lebensnahe Abbild
Johann Sebastian Bachs. Als der Künstler 1750 starb,
nahm keiner eine Totenmaske. Die Leipziger begruben
ihn anonym auf dem Johannisfriedhof. Überliefert ist nur,
dass man zur Grablegung die Motette seines Verwandten
Johann Christoph Bach spielte: »Lieber Herr Gott, wecke
uns auf«. Nicht nur musikalisch, auch bildlich ist ihm dies
gelungen. Doch zunächst war Bach tot und wurde vergessen.

Felix Mendelssohn Bartholdy erkannte die Größe und
Geltung des Komponisten neunzig Jahre später. Er holte
die Werke Johann Sebastian Bachs zurück in Konzert-
hallen und Kirchen. Leipzig begriff, welch Genie es einst
beherbergt hatte. Bachs Grabmal hätte der Stadt gut zu
Gesicht gestanden. Eine Touristenattraktion wäre es
gewesen – keine Frage.

Aber »die Spur seines Grabes war im Lauf der Jahre verloren worden. Nur eine unverbürgte mündliche Tradition
gab an, dass er in der Nähe des Südportales der Johannis-
Kirche liege«. Dort hatten Enthusiasten zum 200. Geburtstag des Komponisten 1885 einen Gedenkstein am
Portal anbringen lassen. »Auf dieser Seite des ehemaligen
Johanniskirchhofs wurde Johann Sebastian Bach am
31. Juli 1750 begraben.« Eine Wiederauffindung des
tatsächlichen Grabes hatten Historiker »für ein hoff-
nungsloses Unternehmen« erklärt. »Gleichwohl hat der
Vorsitzende des Kirchenvorstandes zu St. Johannis den
Muth nicht verloren und bei Anlass des Umbaus der
Johanniskirche 1894 Nachgrabungen veranstaltet, zu

denen er mich als Sachverständigen hinzugezogen hat«, berichtet der Professor für Anatomie Wilhelm His. Die Forschungen förderten eine Steuernotiz zutage, aus der hervorging, »dass Bach in einem eichenen Sarg beerdigt worden sei. Da man überdies wusste, dass Bach zur Zeit seines Todes 65 Jahre alt war, so waren dies die drei Vorbedingungen erfolgreicher Forschung: die Auffindung eines eichenen Sarges mit den Resten eines älteren Mannes in dem von der Tradition bezeichneten Kirchhofgebiet.«

Die Suche war erfolgreich. Ein solch eichener Sarg »wurde nun in der That am 22. October 1894 aufgefunden, und die in demselben enthaltenen Gebeine wurden sorgfältig gesammelt.« Aber aufgrund welcher Indizien durfte man behaupten: Das sind die Knochen von Johann Sebastian Bach?

Wilhelm His stand »nun aber kein anderes Hilfsmittel zu Gebot, als die Vergleichung des Schädels mit den Bildern Bachs«. Zuerst nahm er die Knochen in Augenschein. »Die vorgenommene Vergleichung hat die Möglichkeit ergeben, dass der Schädel ächt sein könne. Insbesondere fiel es auf, dass der Unterkiefer am Schädel gegen den Oberkiefer etwas hervortrat, eine Eigenthümlichkeit, die auch an den Bildern Bachs wiederkehrte. Andere gemeinsame Charaktere der Bilder und des Schädels waren die niedrigen Augenhöhlen und die tief eingesetzte kräftige Nase. Mehr als die Möglichkeit des Ächtseins der Gebeine war auf diesem Wege nicht zu erreichen.«

Wissenschaftlich-technische Hilfsmittel, wie wir sie heute kennen, standen vor 120 Jahren nicht zur Verfügung. DNA-Analyse und Computeranimationen gab es noch nicht. So sagte sich Professor Wilhelm His, »dass ein erfahrener Künstler die Angelegenheit um einen wesentlichen Schritt weiter führen könne. Wenn es nämlich gelingen sollte, unter Innhaltung der nöthigen Vorsichtsmaßregeln, über den Schädel oder über seinen Abguß eine ähnliche Porträtbüste von Bach zu formen, so war die Möglichkeit der Ächtheit in eine Wahrscheinlichkeit umgewandelt. Der Grad dieser Wahrscheinlichkeit musste wachsen mit der Genauigkeit, mit der sich die Nachbildung an ihre Vorlagen halten und zugleich den anatomischen Gesetzen der Gesichtsbildung gerecht werden konnte.«

Beim Studium der bildenden Künste sind Kurse in Anatomie obligatorisch. Maler und Bildhauer üben am menschlichen Modell, wie Proportionen und Haltungen darzustellen sind. Von Leonardo da Vinci bis Picasso oder Werner Tübke existieren Skizzenhefte, die den Menschen an sich nur zeigen. Der Medizinprofessor zog den Schluss, dass ein Künstler aus einem Schädel, schneller und exakter als er selbst es vermochte, das Gesicht wieder herstellen könne. Und so bat Wilhelm His den Kunstprofessor Carl Seffner, der »schon nach kurzer Zeit zu sehr ermuthigenden Ergebnissen gelangte.«

Doch genügte nicht, dass Carl Seffner einfach nach Gutdünken Gips und Ton über die Knochen legte. Sein Vorgehen musste wissenschaftlichen Ansprüchen genügen. Und so hatte Wilhelm His »im Laufe des Winters an 37 menschlichen Leichen die Dicke der Weichtheile in den verschiedenen Bezirken des Gesichtes gemessen. Aus den bezüglichen Werthen wurden die bei 8 gesunden älteren Männern gefundenen ausgeschieden und deren Mittel berechnet. Diese berechneten Mittelmaasse habe ich Herrn Seffner mit der Vorschrift übergeben, bei der Entwerfung der Büste an dieselben sich zu halten. Herr Seffner hat nun die dem Schädel aufgesetzte Thonmaske von vornherein so angelegt, dass ihre Dicke den einzelnen Gesichtsbezirken den vorgeschriebenen Maassen entsprach. Bei Innehaltung diese Maasse hat er aber eine Büste zu schaffen vermocht, die die wesentlichen Eigenschaften der als Vorlage brauchbaren Bilder Bachs in sich vereinigt und die an Leben und charaktervollen Ausdruck jedes einzelne der Bilder übertroffen hat. Damit war mehr erreicht, als man je hatte hoffen dürfen, und die vom Rath der Stadt Leipzig zur Prüfung der Angelegenheit niedergesetzte Commission konnte mit gutem Gewissen ihr Urtheil dahin abgeben, dass die am 22. October 1894 im Johanniskirchhof aufgefundenen Gebeine eines älteren Mannes höchst wahrscheinlich die von Johann Sebastian Bach seien. Nur ein Zufall recht unwahrscheinlicher Art hätte uns bei dieser einen Ausgrabung einen fremden Schädel von sehr ausgeprägten und keineswegs gewöhnlichen Formen in die Hände führen können, der den in Bezug auf Ächtheit zu stellenden Bedingungen in dem Maasse entsprochen hätte, wie dies bei dem vorliegenden der Fall gewesen ist.«

Bis in die Gegenwart bestätigten Spezialisten wie Zahntechniker, Anatomen und Pathologen, dass der 1894 gefundene Leichnam der des großen Komponisten sei. Der Tote war ein »keineswegs sehr großer, aber wohlgebauter Mann«. Die Rekonstruktion machte die Körpermaße Johann Sebastian Bachs bekannt. So wurde aus den Oberschenkelknochen die Größe von 166,8 cm errechnet. Die »Capazität des Schädels maass 1479,5 ccm«. Beides Durchschnittwerte der damals in Deutschland lebenden Männer. Die Identität Johann Sebastian Bachs ist mehrmals bestätigt worden. So bei der Umbettung von Bachs Gebeinen im Jahre 1949. Dabei hatte »der Berliner Chirurg Wolfgang Rosenthal erneut Gelegenheit, die Gebeine des Thomaskantors in Augenschein zu nehmen. Auffallend kräftig hervorspringend waren die Muskellinien am Oberarm- sowie an den Unterarmknochen. Es machte den Eindruck, dass der Inhaber sich mit seinen Armen bei Lebzeiten von Jugend an kräftig betätigt hätte.« Auch stellte man »besondere Knochenwucherungen fest an Fersenbein und Beckenring, wie sie als Organisten-Sporn bekannt sind«. Dass der Tote ein sehr gutes Gehör gehabt haben musste, hatte bereits Wilhelm His bewiesen.

2008 war der Schädel erneut Grundlage einer Rekonstruktion. »Zwei Tage brauchte Caroline Wilkinson für Bachs Kopf. Die Vorarbeiten, also das Einlesen der Maße des Schädels in den Computer, die virtuelle Hinzufügung von weichem und festem Gesichtsgewebe nach wissenschaftlich ausgeklügelten Erkenntnissen, die Färbung der Haut und der Augen dauerten insgesamt einen Monat.« Das entstandene Gesicht verglich man mit dem von Carl Seffner geschaffenen. »Diese beiden könnten Zwillingsbrüder sein. Ja, dass der neue, wahre Bach genauso aussieht wie der alte, wahre Bach, das ist doch letzten Endes ein beruhigendes Ergebnis.«

Caroline Wilkinson betont, dass das Gesicht zu siebzig Prozent dem des wirklichen Bach entspreche. Vollständige Sicherheit brächte nur eine DNA-Analyse der

Knochen im Vergleich mit denen der Nachfahren Bachs. Allerdings birgt diese Untersuchung für die Bachstadt Leipzig Risiken. Vielleicht ist es der Schädel Bachs doch nie gewesen. Grab und Denkmal wären falsch, und die Touristenmagneten wären keine mehr. Ein fehlgeschlagenes Beispiel existiert: Schiller hat nie in der Weimarer Dichtergruft gelegen, obwohl man es bewiesen glaubte.

Das Gesicht des im Zwenkauer Tagebau gefundenen ermordeten Mannes vermochte man so lebensnah zu rekonstruieren, dass man es auf Fahndungsplakaten zeigen konnte. Die Polizei bat die Bevölkerung im Februar 1999 um Mithilfe und war damit erfolgreich. Ein Hinweis auf Matthias B. erwies sich als wahr. »Innerhalb einer Woche nach der Veröffentlichung der Bilder konnten fünf verdächtige Personen recht zügig ermittelt und des Mordes an Matthias B. überführt werden.« Ein Paar aus Schleswig-Holstein, ein Paar aus Leipzig und ein Hallenser wurden verhaftet. Die Tat hatten sie bereits im Jahre 1992 begangen. Die sechs hatten sich zusammengeschlossen und führten gemeinsam Diebstähle und Einbrüche aus, sie raubten und betrogen mit gefälschten Schecks. Die Tatverdächtigen sagten aus, bei der Verteilung der Beute sei es zum Streit gekommen. »Da die Gruppe den Verdacht hegte, dass B. sie bei der Polizei verpfeifen könnte, kam man überein, dass Matthias B. getötet werden musste.«

Die Täter gestanden. Der 31-jährige Mike K. hatte den Mord an Matthias B. begangen. Die Tatwaffe war eine Browning, Kaliber 6,35 mm gewesen. Einen Schalldämpfer hatte Mike K. benutzt und Matthias B. in seiner Wohnung auf der Demmeringstraße 32 erschossen. Das Opfer schlief. Mike K. drückte dreimal ab. »Danach brachte ihn die Gruppe gemeinsam in einem Transporter in den Tagebau Zwenkau, wo sie ein Grab aushoben und den B. hineinlegten.« Das geschah am 20. April 1992. Zweieinhalb Jahre später scharrte der Hund eines Pilzsammlers die Knochen des Toten aus dem Waldboden. Sieben Jahre nach der Tat waren die Mörder überführt.

Die Schädelknochen Johann Sebastian Bachs legten den Grundstein für die Rekonstruktion unbekannter Gesichter. In diesem Sinn schrieb der Komponist nicht nur Musik-, sondern auch Kriminalgeschichte.

Quellen

Der Ortsverschönerungsverein – Eine Crispinade

Tageszeitungen: *Rabenauer Anzeiger, Chemnitzer Allgemeine
Zeitung, Leipziger Volkszeitung*

O. A.: *Die siebenlehner Feuerwehr: Hauptverhandlung gegen
den Bürgermeister und Feuerwehr-Kommandanten
Barthel von Siebenlehn wegen Brandstiftung.* Freiberg 1907.

RAINER SIMON (Regie): *Zünd an, es kommt die Feuerwehr.*
Defa 1979.

GÜNTER SPRANGER: *Der rote Sperling von Siebenlehn.
Historischer Kriminalroman.* Rudolstadt 1985.

»Wir können uns nun das Dienstmädchen sparen!«

Tageszeitungen: *Vossische Zeitung, Vorwärts, Berliner Neuste
Nachrichten, Berliner Tageblatt,* Oktober – Dezember 1896

HUGO FRIEDLÄNDER: *Interessante Kriminalprozesse.* Berlin 2001.

Bei Todesstrafe: Betreten verboten!

Akten des Brandenburgischen Landeshauptarchivs

GEBHARD FALK: *Dr. Alfred Mehlhemmer.* o. O. o. J.

FRIEDRICH KARL KAUL: *Die schießwütigen Grundbesitzer.*
Berlin 1966.

JULIUS MADER: *Mord im Petzower Schlosspark.* Weltbühne o. J.

Hasenmaul

ROLAND GIRTLER, GERALD KOHL: *Wilderer im Alpenraum.
Rebellen der Berge. Ausstellung im Rahmen der oberöster-
reichischen Landesausstellung »Land der Hämmer – Heimat
Eisenwurzen«.* Steyr 1998.

JULIUS KRANOLD: *Geben Sie auf, Kleicizig! Die unfassbaren Taten
eines ruchlosen Wilderers.* München 1967.

HELMUT MATTKE: *Duell im dunklen Tann*. Tessin 2002.
MANFRED OVERESCH u. a.: *Digitale Bibliothek Band 49.*
Das Dritte Reich. Berlin 2001.
WALTER SCHAFARSCHIK: *Herrschaft durch Sprache.*
Politische Reden. Stuttgart 1973.

Artist sucht Partner
Akten des Sächsischen Hauptstaatsarchivs Dresden
Tageszeitungen: *Berliner Palette* Nr. 50/49, *Sächsische Zeitung*
vom März 1950
MANFRED DREWS: *Kriminalisten im Verhör*. Berlin 1979.
PAUL WIEGLER: *Schicksale und Verbrechen*. Berlin 1935.

Verstockt bis zuletzt
RITA UND ECKHARD JÜNEMANN, Lehrte
KLAUS KROEMKE, Radeburg
Akten des Sächsischen Staatsarchivs Leipzig
Sächsische Tageszeitungen 1964/65, besonders der
Dresdner Kreisexpreß

Vorbild: Johann Sebastian Bach
Leipziger Volkszeitung
WILHELM HIS: *Anatomische Forschungen über Bachs Gebeine.*
Leipzig 1895.
GERD MÜLLER: *Hier Kripo Leipzig*. Leipzig 2011.
PETER WILLIAMS: *J. S. Bach. Ein Leben in der Musik.*
Hamburg 2008.